MERIAN*momente*

W0064718

SEYCHELLEN

ANJA BECH

Zeichenerklärung

	barrierefreie Unterkünfte
	familienfreundlich
🕐	Der ideale Zeitpunkt
	Neu entdeckt
◎	Ziele in der Umgebung
	Faltkarte

Preisklassen

Preise für ein Doppelzimmer mit Frühstück:

€€€€	ab 350 €	€€€	ab 250 €
€€	ab 120 €	€	bis 120 €

Preise für ein dreigängiges Menü:

€€€€	ab 45 €	€€€	ab 30 €
€€	ab 20 €	€	bis 20 €

DIE SEYCHELLEN ERKUNDEN 64

Outer Islands und
Koralleninseln

La Digue
und Inner
Islands

Praslin

Die Haupt-
insel Mahé
und der
Ste. Anne
Marine Park

TOUREN AUF DEN SEYCHELLEN 154

DIE SEYCHELLEN ERFASSEN 166

KARTEN UND PLÄNE

Kostbares Strandgut: »Coco de Mer«-Nuss am Strand von North Island (▶ S. 32).

DIE SEYCHELLEN ENTDECKEN

MEINE SEYCHELLEN

Steve schreitet voran durch den tropischen Urwald.
Dann lichtet sich das Dickicht, wir stehen oberhalb einer Steilklippe
mit Blick auf das unendliche, tiefblaue Meer.
Bis auf den Wind und das Kreischen der Vögel herrscht völlige Stille.

Dies ist die wilde Seite der Seychellen, die mich vom ersten Moment an besonders fasziniert hat – auch wenn es eher die pittoresken Strände sind, die auf der Titelseite von Magazinen abgebildet sind und Menschen ins Träumen bringen. Ich halte bei soviel überwältigender Naturschönheit unwillkürlich den Atem an! Wir verweilen auf dem Granitfelsen und schweigen. Unter uns plätschert der Indische Ozean an die wie für ein Fotoshooting dorthin gelegte Granitfelsen, eine Bucht weiter wartet ein menschenleerer Postkartenstrand mit pulvrigstem Sand auf uns. Ein paar Hängematten, die zwischen die Stämme einiger Kokospalmen gespannt wurden, schaukeln sanft in der Brise. Hierher verirren sich nur ausge-wählte Besucher, sie zahlen viel Geld für diese Einsamkeit und den gebo-

◄ Heimat der Seychellenpalme: das Naturreservat Vallée de Mai auf Praslin (► S. 8).

tenen »intelligenten« Luxus, sie finanzieren aber auch die Naturschutzprojekte, die Steve mit betreut. Sie sind der Grund, warum er seit rund
zehn Jahren auf den Seychellen lebt, genauer genommen auf Frégate: einer dem Ökotourismus verschriebenen Luxusinsel mit nur 16 Villen. Frégate – benannt nach einem seltenen Vogel mit riesiger Flügelspannbreite,
der auf seinem Flug über den Ozean gelegentlich hier Pause macht – ist
ein Beispiel für exklusive Rückzugsorte, wie sie dieser Inselstaat mehrfach
bietet. Hierher kommen die Reichen und Schönen auf der Flucht vor
Paparazzi, Hektik und Verpflichtungen und auf der Suche nach Privatsphäre. Sie finden sie hier ebenso wie eine grandiose Naturkulisse, ein
wunderbares Klima und kristallklare, fischreiche Gewässer.

ZAUBER DES INSELREICHS

Als ich in den 1990er-Jahren zum ersten Mal mit Rucksack und Zelt die
Seychellen bereiste, war ich gleich bezaubert und komme seitdem nicht
mehr von diesen Eilanden los. Selbst im 21. Jahrhundert finden sich auf
den dichter bevölkerten Inseln der Seychellen, wie überall im Land, einsame Traumstrände, an denen man das Gefühl hat, der erste Mensch zu
sein, der hier seine Spuren im Sand hinterlässt. Es gibt sie auch 20 Jahren
nach meinem ersten Besuch noch: die erschwinglichen Unterkünfte mit
Lokalkolorit und kreolischer Hausmannskost. Und auch die freundlich
lächelnden Einheimischen, die bei der Fährüberfahrt einen Plausch halten, mich beim Trampen hinten auf ihren Pickup laden und dann zur
Verköstigung ihres selbstgegorenen Palmenschnapses in ihre kleine Hüt-
te einladen – sie haben ihre Herzlichkeit und Natürlichkeit bewahrt und
dem Fortschritt und Stress mit Gelassenheit und Freundlichkeit getrotzt.

MENSCHEN ALLER COULEUR

Steve ist viel herumgekommen in der Welt, hat alle Nachbarstaaten im
Indischen Ozean besucht. Warum er auf den Seychellen blieb, frage ich
ihn. »Hier ist es besonders spannend, schön und vielfältig.« Diese Ein-
schätzung kann ich nur teilen und bin wohl nicht die einzige, denn: Die
Seychellen liegen im Trend, über 210 000 internationale Gäste kamen al-
lein im Jahr 2013, über 40 000 davon aus Deutschland, Österreich und der
Schweiz, Tendenz steigend. Nicht umsonst gewinnen die Strände dieser
Inseln seit jeher bei jedem Schönheitswettbewerb den ersten Preis: von

sanften Wellen umspielte Granitfelsen, glasklares Wasser, Strände mit feinstem Sand, Kokospalmen, einsame Buchten, eine faszinierende, unberührte Natur. Nimmt man die Menschen aller Hautfarben und die lebendige kreolische Kultur mit ihrer Küche hinzu, ist klar, warum die Seychellen für pure Romantik abseits ausgetretener Pfade stehen.

REFUGIUM FÜR PFLANZEN UND TIERE

Trotz aller Abgeschiedenheit und Ruhe kann auf keiner der 115 Inseln von Einsamkeit die Rede sein. Für Billionen Kriechtiere, Milliarden Vögel, Millionen Fische und Hunderttausende Riesenschildkröten ist diese Inselnation am Rande des Äquators ein Zuhause. Zwei Drittel der Landfläche bestehen aus Nationalparks oder stehen unter Naturschutz, der Fortbestand der einzigartigen Flora und Fauna soll sichergestellt sein, wofür auch zwei ausgeschriebene UNESCO-Weltnaturerbestätten sorgen. Menschen spielen hier seit Generationen eine untergeordnete Rolle. Die rund 88 000 Seychellois leben zu 95 % auf Mahé, Praslin und La Digue, drei Granitinseln der sogenannten Inner Islands. Auf ihnen bzw. auf weiteren Inseln dieser Gruppe liegen 90 % der Touristenunterkünfte. Wer gern über den Zaun der Hotelanlage blickt, sich unter die Einheimischen mischt oder über einen Markt bummelt, sollte sich für eine der drei Hauptinseln entscheiden. Hier schmiegen sich kleine Orte mit bunten, wellblechgedeckten Häusern an die Flanken der Berge, tönen Séga und Reggae-Klänge durch die Wände der traditionellen »cases créoles«, sitzen Männer beim Dominospiel im Schatten eines Baumes und toben Kinder am Strand. Selbst die Minihauptstadt Victoria hat dörflichen Charakter: Hier stehen wunderschöne kreolische Häuser, und es geht geruhsam zu.

SAGENUMWOBENES NATURERBE

Mahé ist die größte und vielseitigste der Inseln mit bis zu 905 m hohen Bergen, zahlreichen Orten und Stränden. Praslin beherbergt das legendenumwobene UNESCO-Weltnaturerbe Vallée de Mai, ein Urwaldtal mit tausenden »Coco de Mer«-Palmen, die sonst nirgendwo auf der Welt wachsen. Außerdem locken Bilderbuchstrände, darunter die unverbaute Anse Lazio, oder die Anse Georgette. La Digue offeriert die pittoreskesten Buchten, umrahmt von gewaltigen Granitblöcken. Sie ist die ursprünglichste der drei Inseln – ohne Flughafen, Teerstraßen, Autoverkehr und Luxushotellerie – hier verbringen Individualisten und Ruhesuchende ihre Ferien. Auf weiteren Granitinseln bieten einsam gelegene Hotelanlagen Unterkunft in sehr schöner Umgebung an, teilweise nur einen Katzensprung von der Hauptinsel entfernt, beispielsweise auf Ste. Anne, Silhouette, Round, Moyenne und Cerf Island. Wer das Besondere sucht, der sollte sich auf North, Frégate oder Cousine Island zurückziehen. Hier erwarten ihn unberührte Natur und ihre Ureinwohner: farbenfrohe Vögel, kleine Echsen, Riesenschildkröten, Tausendfüßler und viele andere.

SCHWALBEN, SCHILDKRÖTEN UND SONNENUNTERGÄNGE

Neben den Granitinseln gehören ganz unterschiedliche Inselgruppen zum Staatsterritorium, darunter das von Hunderttausenden Riesenschildkröten bevölkerte, UNESCO-geschützte Aldabra Atoll. Fernab der Welt, ohne Handyempfang, kann man vier der unzähligen Koralleninseln besuchen: Alphonse, Desroches, Denis und Bird. Hier erfreuen sich Taucher an intakten Korallenriffen, Hochseefischer schwärmen von reichen Fischgründen, Alphonse gilt als Geheimtipp für Fliegenfischer.

Eine meiner Lieblingsinseln ist Bird Island. Hier bemüht sich die Familie Chavy seit über 25 Jahren mit Erfolg um aktiven Schutz der ursprünglichen Flora und Fauna. Während der Nistsaison, von April bis Oktober, brüten 1,3 Millionen Rußsee- und Feenseeschwalben auf der Insel. Was für ein Naturschauspiel! Ein ewiges Kreischen und Rufen liegt in der Luft, man kann sich der Vogelkinderstube bis auf wenige Meter nähern. Zu anderen Zeiten schleppen sich Meeresschildkröten zur Eiablage am einsamen Strand hoch, jederzeit können einem Riesenlandschildkröten begegnen, die durch die kleine, relativ einfach gehaltene, aber sehr schöne Anlage spazieren, Hunderte von Jahren auf dem Rücken tragend.

Der glühend rote Sonnenball versinkt am Horizont ins Meer, auf der Brüstung der Terrasse unserer Villa landet ein schwarzer Vogel und beäugt uns neugierig. Ihm ist nicht bewusst, wie selten er ist, der »magpie robin« (Seychellen-Schamadrossel), aber zum Glück gibt es engagierte Menschen wie Steve, die sich um den Fortbestand seiner Art bemühen und solche, die viel Geld ausgeben, damit Steves Traum von effizientem Natur- und Artenschutz möglich wird.

DIE AUTORIN

Als **Anja Bech**, die sieben Jahre auf La Réunion lebte, 1994 die Seychellen zum ersten Mal besuchte, reiste sie auf Holzschonern von Insel zu Insel, nächtigte in einfachen Gästezimmern oder bei Einheimischen, die stets gastfreundlich und hilfsbereit waren – so lernte sie Kreolisch sprechen, »caris« kochen, Séga tanzen und dieses Land und seine Menschen bis ans Ende ihrer Tage zu lieben!

MERIAN TopTen

Diese Höhepunkte sollten Sie sich bei Ihrem Besuch auf keinen Fall entgehen lassen: Ob der Traumstrand Anse Lazio (Praslin), der Morne Blanc (Mahé) oder das Eiland La Digue – MERIAN präsentiert Ihnen hier die wichtigsten Sehenswürdigkeiten der Seychellen.

1 Ausflug nach Cousin oder Aride Island

Auf beiden Inseln vor der Westküste Praslins leben etwa 35 Vogelarten und gedeihen seltene endemische Pflanzen (▶ S. 31, 57, 108, 143).

2 Beau Vallon Beach, Mahé

Lieblingsstrand der Einheimischen mit breitem, feinem Sandstreifen in einer herrlichen Bucht (▶ S. 13, 49, 69, 78, 83).

3 Anse Lazio auf Praslin

Blütenweißer Korallensand, Palmen und Schwärme bunter Tropenfische (▶ S. 49, 106, 108, 161).

4 Bei Künstlern zu Gast auf Mahé

Inspiriert von der Schönheit der Natur schaffen viele Maler oder Bildhauer hochwertige und einzigartige Kunstwerke (▶ S. 38, 57, 60).

5 Sir Selwyn Selwyn Clarke Market in Victoria, Mahé

Tropische Früchte und Gemüse, Gewürze und Tees – der Markt ist auch ein Fest fürs Auge (▶ S. 37, 39, 76).

6 Silhouette Island

Hier gibt es unberührte Natur, hohe Berge, einsame Strände und seltene Tierarten zu entdecken (▶ S. 30, 84).

7 Morne Blanc, Mahé

Eine kurven- und aussichtsreiche Fahrt oder auch eine schweißtreibende Wanderung in Mahés üppig grüne Höhen führen zu Teeplantagen, seltenen Pflanzen und sehenswerten historischen Orten (▶ S. 12, 46, 88, 90).

8 Ste. Anne Marine Park

Sechs teilweise unbewohnte Inselchen, bunte Korallen und mehr als 150 Fischarten inmitten grandioser Naturkulisse (▶ S. 44, 46, 100).

9 Nationalpark Vallée de Mai auf Praslin

Nur in diesem Nationalpark wachsen die berühmten »Coco de Mer«-Palmen mit den begehrten, riesengroßen Seychellennüssen (▶ S. 31, 35, 105, 109, 161).

10 Besuch auf La Digue

Die unbeschwerte Lebensweise der Bewohner auf der Tropeninsel mit ihren imposanten Granitblöcken ist überall spürbar (▶ S. 15, 129).

MERIAN Momente
Das kleine Glück auf Reisen

Oft sind es die kleinen Momente auf einer Reise, die am stärksten in Erinnerung bleiben – Momente, in denen Sie die leisen, feinen Seiten der Inseln kennenlernen. Hier geben wir Ihnen Tipps für kleine Auszeiten und neue Einblicke.

1 Wandern auf Mahé   D 3

Die Wege sind zahlreich und führen alle nach oben – dorthin, wo die Sicht klar und der Ausblick atemberaubend ist, egal, ob man nun nach Westen, Osten, Norden oder Süden schaut! Von den Gipfeln Mahés kann man bei gutem Wetter die ganze Insel und auch die in weiterer Ferne liegenden Eilande bewundern. Trotz der etwas kühleren Höhenlage und der regenwaldähnlichen Vegetation gerät man leicht ins Schwitzen, benötigt viel Wasser und Insektenschutz – aber die Anstrengung lohnt sich! Vom mittelschweren ca. 45-minütigen Aufstieg auf den Copolia bis zum einstündigen, steilen Weg auf den **Morne Blanc** – es gibt mehrere Varianten, Felsplateaus und Vegetationszonen. Also: Rucksack auf, ausreichend Wasser ins Gepäck, rutschfestes Schuhwerk an die Füßen, Kamera bereit und Zeit einplanen. Selbst wenn der Aufstieg kurz ist, so sollte man sich Zeit lassen, um die grandiosen Ausblicke in aller Ruhe genießen zu können.

Mahé | Start: von der Sans Soucis Road zwischen Victoria und Port Glaud

2 Sonnenuntergang im Nordwesten Mahés   C/D1

Wenn der Sonnenball hinter den Umrissen der in der Ferne liegenden Inseln Silhouette und North im Meer versinkt, verwandelt sich der Himmel in eine Leinwand mit einem wunderschönen, von Minute zu Minute wechselnden Bild. Leuchtende Farben, scharfe Konturen – wer sich nicht direkt an den Strand setzten möchte, kann die magische Stunde romantisch und stilvoll unter anderem an der Bar des wunderbaren Luxushotels Hilton Seychelles Northolme zelebrieren. Und warum diesen herrlichen Ort nicht verbinden mit Gourmetfreuden in den Restaurants, Sonntagsbrunch mit Ozeanblick, Schnorcheln zwischen Felsen oder Verwöhnprogramm im Spa?

Mahé, Glacis | Tel. 4 29 90 00

3 Abendspaziergang in Beau Vallon   C2

Beau Vallon ist der größte, belebteste und beliebteste Strand Mahés, und doch ist es hier nie überfüllt. Es gibt weder Sonnenschirme noch Liegestühle, keinen Rummel, keine Hüpfburgen oder Imbissbude – von Trubel also keine Spur. Einheimische pickni-

cken unter schattigen Takamaka-Bäumen, hier und da wird gegrillt oder auch mal spontan eine Séga getanzt, Touristen waten durchs seichte, lauwarme Wasser. Vor allem kurz vor Sonnenuntergang flaniert es sich herrlich auf dem Strand oder an der kleinen Promenade. In der Bucht dümpeln Bötchen vor sich hin, die Wellen plätschern leise auf den feinsandigen Strand, der sanft abfällt und auch für eine kleine abendliche Abkühlung bereitsteht.

Mahe, Strand von Beau Vallon

4 Baden und Schnorcheln an der Anse Takamaka   E7

Klein aber fein ist diese Traumbucht im Südwesten Mahés, eingebettet von Granitfelsen erstreckt sich ein schmaler Sandstreifen. Zwischen den Felsbrocken wimmelt es von Meeresbewohnern, das Wasser ist meistens herrlich klar – die Bucht gilt als Schnorchelparadies. Schnorchelbrillen und Flossen sollte man jedoch dabei haben, einen Verleih gibt es nicht. Bei Wellengang gilt es Vorsicht zu wahren, ansonsten kann man hier gefahrlos schnorcheln, schwimmen und planschen. Eine Stichstraße führt zum

Strand, an dem sich auch das urige und beliebte Restaurant von Batista liegt. Schwimmen oder Schnorcheln, einen Drink oder eine kreolische Spezialität genießen oder einfach nur aufs Wasser schauen und sich die Sonne auf den Bauch scheinen lassen – die Anse Takamaka ist eines der vielen Juwele Mahés.

Mahé, Anse Takamaka

5 Frühstück in einem Luxushotel

Während morgens die Sonne den Strand vorwärmt, sollte man den Tag mit einem reichhaltigen Frühstück beginnen – dieses findet man an atemberaubend schönen Orten in internationalen Luxushotels. Sie bieten umfangreiche Frühstücksbüffets mit einer Auswahl, die ins Schwärmen geraten lässt. Auf den Tischen werden kunstvoll zurecht geschnitzte Früchte, selbst gepresste Obstsäfte, frisch zubereitete Eierspeisen, vielfältige Cerealien, Nüsse, Gebäck, exotische Konfitüren und vieles mehr appetitlich präsentiert. Kaffee- oder Teespezialitäten, Bircher Müsli, »Porridge«, »Eggs Benedict«, »Miso Soup«, »Fried Noodles«, »Baked Beans, »Bacon«, Lachs-

brötchen, Kaviar oder Champagner – egal, wonach Ihnen der Sinn steht, Sie werden feststellen, dass aus dem geplanten »Breakfast« schnell ein ausgiebiges Brunch wird. Wer auf regionale Produkte und ökologisches Handeln achtet, sollte sich an Papayas, Ananas, zuckersüße Minibananen (»Mignonnes« genannt) und je nach Saison an Passionsfrüchte, Karambole, Guaven, Melonen und Mangos halten, sie wachsen vor Ort, sind stets frisch und aromatisch. Empfehlenswerte Hotels:
– La Digue: Domaine de l'Orangeraie

▶ S. 131, a 1
– Mahé: Banyan Tree und Hilton Northolme ⚓ C/D 1
– Praslins: Raffles Seychelles ▶ S. 103, b 1

6 Zwischen Inseln kreuzen

Ob auf einer gecharterten Tour, einem Tagesausflug oder auch nur auf der regelmäßig verkehrenden Fähre zwischen den Inseln Mahé, Praslin und La Digue – eine Bootsfahrt über den Indischen Ozean gehört einfach dazu! Viele männliche Seychellois können nicht schwimmen, jedoch wurde ihnen die Seefahrt förmlich in die Wiege gelegt. Mag ein jeder Törn auf seine Art ein Erlebnis sein, so ist die Mitfahrt auf einem hölzernen Segelboot besonders schön, hier ist der Weg das Ziel! Bei ruhiger See stieben die Fliegenfische auseinander und gleiten vom Kiel weg elegant übers Wasser, mit etwas Glück begleiten Delfine das Boot, bei stärkerem Seegang sollte man seefest sein! Auf den Fähren mischt man sich unter die Einheimischen, lässt sich von der Gischt erfrischen oder genießt einfach die Überfahrt.

Zwischen den Inner Islands

7 Wanderung zur Anse Coco auf La Digue ▶ S. 131, b 4–c 3

Eigentlich ist sie kein wirklicher Geheimtipp, die schöne Wanderung von der Grand' Anse über die Petite Anse bis zur Anse Coco an der Ostküste von La Digue. Nichtsdestotrotz verirren sich nur wenige Besucher hierher, und so hat man die pittoresken Buchten entlang der Strecke oft für sich ganz allein. Durch urwaldähnliches Gebüsch führt ein gut ausgetretener Weg über Stock und Stein, unterwegs bieten sich tolle Fotomöglichkeiten und schöne Ausblicke. Am Ende lockt eine herrliche Erfrischung: Am nördlichen Ende der Anse Coco ermöglicht flaches Wasser in einem von Felsen geschützten Bereich selbst für Kinder unbeschwertes Planschvergnügen und gute Schnorchelgründe, quasi als Belohnung für den etwa 45-minütigen schweißtreibenden Fußmarsch hierher. Weil man unterwegs nichts kaufen kann, unbedingt ausreichend Wasser mitnehmen!

La Digue, Grand' Anse bis Anse Cocos

8 Radtour in den Norden von La Digue ▶ S. 131, a/b 1

Der ruhige Norden von La Digue wird weniger von Tagesausflüglern besucht und ist daher für eine Radtour ideal. Die schmale, betonierte Straße, die nach einer anfänglichen Steigung am Friedhof vorbei mit nur geringen Steigungen direkt am Wasser entlang verläuft, führt an wenigen, von kreolischen Familien bewohnten Häuschen vorbei. Unterwegs gibt es kaum Läden oder Einkehrmöglichkeiten, man kann die etwas rauere Felsenküste in aller Ruhe und Abgeschiedenheit genießen. Sandbuchten und Strände findet man nur am Anfang der Tour. Viel Wasser, Sonnenschutzmittel und Sonnenhut sollte man auf jeden Fall dabei haben, denn Schatten ist auf dieser Strecke rar. Nach etwa 8 km endet die Straße plötzlich vor ein paar gewaltigen Granitblöcken, dann heißt es eine Verschnaufpause einlegen und schließlich umkehren und auf dem gleichen Weg zurückstrampeln.

Im Norden von La Digue

NEU ENTDECKT
Worüber man spricht

*Die Seychellen befinden sich stetig im Wandel,
Sehenswürdigkeiten werden eingeweiht, Attraktionen eröffnen,
die Region verändert ihr Gesicht, durch neue Museen, Restaurants
und Geschäfte erlangen ganze Landstriche neue Attraktivität.
Hier erfahren Sie alles über die jüngsten Entwicklungen – damit
Sie keinen dieser aktuell angesagten Orte verpassen.*

◀ Hochkarätiger Neuzugang am Strand von Beau Vallon: das Savoy Hotel (▶ S. 17).

MAHÉ ▶ Klappe vorne, F 2
Karte ▶ Klappe hinten

ÜBERNACHTEN

Maison Soleil 🏴 D 6

Spürbarer Künstlereinfluss – Sehr geschmackvoll eingerichtete Appartements für Selbstversorger in der Nähe der Anse Soleil. Alle Zimmer wurden liebevoll vom Künstler Andrew Gee selbst mit Dekor versehen, der gleich nebenan sein Studio und Wohnhaus hat und gerne Tipps zu Ausflügen, Einkaufsmöglichkeiten usw. gibt. Das Holzhaus mit den Apartments liegt in einem üppigen Garten, ein Mietauto ist ratsam, um zu den schönsten Orten auf Mahé zu gelangen. Am ersten Tag gibt es (ab drei Tagen Aufenthalt) ein Frühstückspaket im Kühlschrank, authentische kreolische Gerichte fürs Abendessen (stets frisch zubereitet) können einen Tag vorher bestellt werden. Anse Soleil | Tel. 2 71 26 77 | www. maisonsoleil.info | 4 Apartments für 2–4 Personen | €€

Savoy Hotel 🏴 C 2

Brandneu – Im Frühjahr 2014 eröffnete große Luxusanlage direkt am Strand von Beau Vallon mit exklusiven Zimmern, erstklassigem Service und allen nur erdenklichen Annehmlichkeiten. Riesiger Swimmingpool, Tennisplätze, Spa, Gym, Abendunterhaltung und Kids Club. Die beiden Restaurants widmen sich den Gaumenfreuden, die Bar kredenzt raffinierte Cocktails. Beau Vallon | Tel. 2 61 01 61 | www.savoy. sc | 163 Zimmer | ♿ | €€€€

ESSEN UND TRINKEN

Maria's Rock Café 🏴 D/E 7

Kleinod – Die Chefin Maria Soubana, Frau des Skulpteurs Antonio Fillipin, hat an einer abgelegenen Straße, zwischen Granitfelsen in einem höhlenähnlichen Ambiente ein Schmuckstück geschaffen, das eine Einkehr lohnt. Allein der Dekor ist beeindruckend, die Gerichte aus internationaler und nationaler Küche munden vorzüglich. Vor allem die auf heißem Stein gebratenen Fische sind ein Genuss, es werden regionale Zutaten verwendet, zum großen Teil aus dem eigenen Garten. Es gibt auch einige Zimmer zu mieten, und in der Pirate Cove genannten Gegend werden Naturkundewanderungen angeboten. Baie Lazare | Tel. 2 57 55 44 | Mi–Mo 9–21 Uhr | €€

EINKAUFEN

Trois Frères Distillery 🏴 F 6

Die Anfang des 21. Jh. gegründete Rumdestillerie greift die Tradition der Rumherstellung aus Zuckerrohr auf, die im Indischen Ozean weit verbreitet ist. Sie ist Heimat der Takamaka Bay-Rumauswahl, die fünf Rumspezialitäten lokal hergestellt. Die Anlage auf dem Gelände der ehemaligen St. André Plantage kann seit 2007 besichtigt werden, Verköstigung wird ebenfalls vor Ort angeboten. Zum Areal gehören die Ruinen einiger Gebäude, z. B. der einstigen Lagerhäuser, Glockenturm, Gästepavillons und Sklavenunterkünfte sowie ein Garten mit traditionellen Heil- und Gewürzpflanzen. Viele exotische Obstbäume schmücken den Garten. Im angrenzenden Plaine St. André Restaurant kann man in schöner Umgebung im Kolonialhaus, auf der Terrasse oder im Garten speisen, ein Shop bietet die hier hergestellten Alkoholika wie auch andere Spezialitäten und Souvenirs an.

Plaine St. André | Tel. 4 37 20 50 | www.takamakabay.com oder www.laplaine.sc | Touren mit anschließendem Tasting Mo–Fr 11.30 und 13.30 Uhr | Eintritt 200 SCR

PRASLIN ▸ Klappe vorne, F 1/2
Karte ▸ S. 107

ÜBERNACHTEN

Raffles Seychelles 🛎 ▸ S. 107, b 1
Luxus in Traumlage – Der neue Stern am Hotelhimmel von Praslin hat rasch die Herzen der Gäste erobert, schließlich punktet die Anlage mit Luxus in Reinform. Die großzügigen, auf Stelzen gebauten Villen bieten atemberaubende Blicke aufs Meer und die gegenüberliegende Insel Curieuse. Die ehemals an der Küste verlaufende Straße führt nun hinter dem Hotel her. Entlang dem Strand der Anse Takamaka verläuft ein öffentlicher Rad- und Wanderweg, so hat jedermann Zugang zum Strand, der herrliche Schnorchelgründe rund um die eingestreuten Fel-

sen bietet. Lage, Service, Essen, Bars, Pool und Spa dieses Hotels sind zweifellos traumhaft. Jede Villa verfügt über einen eigenen Pool, riesiges Sonnendeck, großzügiges Bad mit Außendusche und modernste Ausstattung. Privatbutler bedienen die Gäste, Kinder sind herzlich willkommen und werden im Kids Club betreut. Der Spa setzt neue Maßstäbe auf Praslin.
Anse Takamaka | Tel. 4 29 60 00 | www.raffles.com | 86 Villen | ♿ | €€€€

ESSEN UND TRINKEN

PK's @ Pasquiere Restaurant & Gastropub ▸ S. 107, b 1
Beste Früchtecocktails – Etwas verstecktes Restaurant mit hervorragender Küche am Hang hinter dem Raffles Hotel auf dem Weg zur Anse Lazio. Kostenloser Abholservice, gute Weinkarte, leckere Cocktails, innovative und fantasievolle kreolische und internationale Küche.
Pasquiere Road, Anse Boudin | Tel. 4 23 62 42 | tgl. mittags und abends | €€

LA DIGUE ▸ Klappe vorne, C 3
Karte ▸ S. 131

ÜBERNACHTEN

Le Domaine les Rochers ▸ S. 131, b 2
Modern und gut gelegen – Drei Doppelbungalows und mehrere komfortable, gut ausgestattete Selbstversorgerapartments nicht weit vom Fähranleger in La Passe in zentraler, jedoch ruhiger Lage, eingebettet in einen schönen Garten. Die freundlichen Besitzer helfen bei Fragen jeder Art und halten die Anlage gut in Schuss. Es gibt Außenduschen, Gartenliegen, Klimaanlage und Internetzugang. Die ge-

schmackvoll eingerichteten Zimmer werden täglich gereinigt und lassen an Ausstattung im Schlaf-/Wohnraum und im Bad nichts vermissen. Auf einer großen Terrasse kann man speisen und entspannen.

La Passe | Tel. 4 23 53 34 | www. domainelesrochers.com | 9 Wohneinheiten | €€

ESSEN UND TRINKEN
RESTAURANTS

Chez Jules ▶ S. 131, c 2

Lässig und locker – Bei Jules sitzen die Gäste auf einfachen Holzbänken direkt am Meer. In der kleinen, offenen Strandhütte, in der Bananenstauden und Kokosnüsse vom Palmenblätterdach herunter hängen, zaubern der Besitzer und seine Frau hervorragende, frisch gemixte Obstsäfte und tolle Gerichte wie z. B. den hoch gelobten Oktopussalat, Toasts oder verschiedene Curries. Das einfache, authentische Restaurant lohnt die Radtour um die Nordspitze der Insel bis zur Anse Banane im Nordosten.

Anse Banane | Tel. 4 23 42 87 | €

Pizzeria im Le Repaire Beach Hotel
▶ S. 131, a 2

Mediterrane Atmosphäre – Der italienische Chefkoch Remo zaubert die besten Pizzen des Indischen Ozeans auf den Tisch. Südliches Flair, Kulinarik und Lebensart zeichnen dieses beliebte Restaurant aus, in dem neben Pizza und Pasta auch andere mediterrane Köstlichkeiten aufgetischt werden. Vom Tisch aus hat man einen herrlichen Blick aufs Meer und kann das beeindruckende Farbenschauspiel des Himmels bei Sonnenuntergang bewundern.

Anse La Réunion | Tel. 4 23 43 32 | www.lerepaireseychelles.com | €€

⚑ Weitere Neuentdeckungen sind durch dieses Symbol gekennzeichnet.

Im Raffles Seychelles (▶ S. 18) wohnt man in Häusern auf Stelzen, die harmonisch in die Natur eingebettet sind und eine großartige Aussicht aufs Meer bieten.

Der Indische Ozean sorgt in den Restaurants
(▶ S. 27) für eine reich gedeckte Tafel.

DIE SEYCHELLEN ERLEBEN

ÜBERNACHTEN

*Klein, aber fein präsentieren sich viele Unterkünfte. Wer Luxus liebt,
ist auf den Seychellen goldrichtig. Die schönsten Herbergen
mit den größten Annehmlichkeiten liegen natürlich direkt am
weißen, palmengesäumten Sandstrand.*

Neben komfortablen Zimmern bieten die besseren Hotels meist mehrere
Restaurants, Pools und Wassersportaktivitäten. Im vergangenen Jahr-
zehnt siedelten sich immer mehr **Luxushotels** an, zunehmend auch solche, die zu großen, bekannten Ketten gehören und den entsprechenden
Standard bieten. Auch anspruchsvolle Gäste müssen auf keine Annehmlichkeiten verzichten! Kleinere Familienbetriebe, Bungalows für Privat-
versorger und **Privatpensionen** existieren vor allem auf den Hauptinseln
Mahé, Praslin und La Digue. Sie werden von Einheimischen betrieben,
bieten oft lokales Flair und **Familienanschluss**, jedoch liegt das Angebot
bei Ausstattung, Essensangebot und Komfort manchmal weit unter dem
der großen Hotels. Viele von ihnen sprechen vor allem Familien und Reisende mit kleinerem Budget an, sie sind teilweise recht einfach ausgestattet und sauber, liegen jedoch nicht immer direkt an einem Badestrand

◄ Perle der Hotellerie: das Four Seasons
Resort (► S. 92) an der Südküste Mahés.

oder in der Nähe eines Ortes mit Einkaufsmöglichkeiten. Egal, wofür man sich entscheidet: Kein Gebäude darf auf den Seychellen die Höhe der umliegenden Palmen überragen. Bettenburgen, aber auch Clubhotels sind auf allen Inseln Fehlanzeige! Erholungssuchende, Naturfreunde und Individualisten kommen hingegen voll auf ihre Kosten. Familien sollten gut wählen, manche Luxushotels akzeptieren keine Kinder unter zwölf Jahren, andere verfügen sogar über Kids Clubs.

GUT GEBETTET UND VERKÖSTIGT

Die meisten Anlagen bieten **Halbpension**, zumindest aber ein Frühstück an. Dieses mag in manchen der kleineren Gästehäuser und Hotels eher dürftig ausfallen, in großen Hotels gibt es dagegen tolle **Frühstücksbuffets** und auch zu allen anderen Tageszeiten eine große Auswahl am Buffet oder auf der Speisekarte. Ein Preisvergleich verschiedener Veranstalter lohnt bei der Buchung einer Ferienreise immer, und vor allem in den Ferienzeiten sollte man nicht anreisen, ohne vorher reserviert zu haben. Oft stellt man fest, dass die Buchung eines **Pauschalangebots** – vor allem in größeren Hotelanlagen – günstiger ist als eine individuelle Buchung. Nichts lässt sich jedoch an der Tatsache ändern, dass die Seychellen ein teures Pflaster sind.

BESONDERE EMPFEHLUNGEN
Anse Sévère Beach Villa 👫
► S. 131, a 1

Im untouristischen Norden – Ruhig gelegen und doch einfach erreichbar sind diese recht neu erbauten Ferienhäuser und -wohnungen an der Anse Sévère, einem der schönsten Strände im Norden La Digues. Die kreolischen Häuschen liegen inmitten üppigem Grün, sie sind gemütlich eingerichtet mit allem Komfort, auch für größere Familien geeignet. Mit dem Fahrrad gelangt man schnell über einen kleinen Hügel zum Hafen und ins Geschäftszentrum, ist jedoch abseits vom Trubel.

La Digue, Anse Sévère | Tel. 4 23 50 09 oder 51 40 47 | E-Mail: anse_severe@ seychelles.sc | 2 Ferienhäuser | €€

Banyan Tree Resort Mahé ⚑ E 8
Perfekter Rahmen – Am einsamen Traumstrand der Anse Intendance befindet sich dieses Resort der Spitzenklasse, das einen leicht asiatischen aber auch neo-kolonialen Einschlag spüren lässt. Ruhe und Entspannung pur bieten die luxuriösen Villen mit privatem Pool in Strand- und Hanglage. Sie bieten teilweise atemberaubende Blicke auf den blütenweißen Sandstrand und das hier manchmal recht bewegte

Meer. Je nach Jahreszeit und Wetterlage, kann es zwar zum Schwimmen zu unruhig sein, jedoch bietet sich ein tolles Naturschauspiel, und die Pools entschädigen dafür. Der Service ist ausgezeichnet, ebenso die Speiseauswahl des internationalen, kreolischen und Thai-Restaurants. Traumhaft schöner Spa. Zum Flughafen etwa 25 Min., in die Hauptstadt Victoria 45 Min.

Mahé, Anse Intendance | Tel. 4 38 35 00 | www.banyantree.com | 60 Villen | €€€€

Clef des Îles ⚓ C 2

Zehen im Sand – Direkt am belebten und beliebten Strand von Beau Vallon gelegene Selbstversorgerbungalows mit toller Ausstattung und freundlichem Service. Ideal für Reisende, die Abwechslung und vielleicht etwas Action statt purer Ruhe wünschen. Die Apartments erstrecken sich über zwei Etagen und sind schön eingerichtet mit zwei Schlafzimmern und Balkon zum Meer hin. Abends kann man dem Plätschern der Wellen zuhören oder sich in einem der zahlreichen Restaurants stärken. Mehrere Bars liegen in der Nähe, am Strand gibt es ein großes Angebot an Wassersportarten und Ausflügen. Die Besitzer geben Tipps, liefern täglich frische Früchte ins Haus und helfen beim Einkaufen. Eine Tauchschule befindet sich ebenfalls am Haus.

Mahé, Beau Vallon | Tel. 2 52 71 00 | www.clefdesiles.com | 4 Duplex Appartements (für 4 Personen) | €€

Constance Lémuria Resort of Praslin 🏊 ▶ S. 107, a 2

Golf- und Strandparadies – Ein sehr beliebtes Luxushotel mit internationa-

lem Publikum an der Nordwestküste unweit des Flughafens. Das riesige Gelände erstreckt sich über mehr als 100ha mit Zugang zu drei wunderschönen Stränden. Unmittelbar hinter den zweistöckigen Gebäuden mit den Suiten beginnt das Golfgelände. Der herrlich gelegene und anspruchsvolle 18-Loch-Championship-Golfplatz mit spektakulären Aussichtspunkten wird selbst Kenner nicht enttäuschen und ist eine der Hauptattraktionen der Hotelanlage. Eine Golfschule sowie ein umfangreiches Betreuungs- und Serviceprogramm stehen für Golfer aller Leistungsstufen zur Verfügung. Am entferntesten Ende des Areals liegt außerdem einer der schönsten Strände der Seychellen, die naturbelassene Anse Georgette, die nur für Hotelgäste zugänglich ist. Abgerundet wird das Portfolio durch ein umfangreiches Sportangebot (Tauchschule, Fitness, Tennis, Wassersportzentrum, Tiefseefischen, Mountainbiking), Beautysalon und Massagecenter mit Sauna, Whirlpool (Jacuzzi), Hamam, Kraftsportgeräten (Gym) sowie einem Miniclub mit kostenloser Betreuung für Kinder bis zu zwölf Jahren.

Praslin, Anse Kerlan | Tel. 4 28 12 81 | www.lemuriaresort.com | 110 Zimmer | €€€€

Ste. Anne Island Resort & Spa Seychelles (im Ste. Anne Marine Park) 🏊 ▶ S. 103, a 1

Familienparadies – Seit 2002 befindet sich auf Ste. Anne, der bis dahin unbewohnten, größten Insel des gleichnamigen Unterwasserschutzgebiets, eine großflächige, familienfreundliche Ferienanlage der Beachcomber Hotelgrup-

Im noblen Banyan Tree Resort (▶ S. 23) an der Anse Intendance, inmitten grandioser Natur und diskretem Luxus, kann man erahnen, wie sich das Paradies anfühlt.

pe mit hohem internationalen Standard und sehr geschmackvoll und komfortabel ausgestatteten Einzelbungalows. Die Insel bietet Ruhe und Abgeschiedenheit, unberührte Wälder und malerische Korallenstrände. Die Hotelanlage liegt eingebettet in wunderschöne Gärten und verfügt über einen großen, attraktiven Außenpool sowie Privatpools in einigen Villen. Mehrere Restaurants bieten ein breites kulinarisches Angebot, viele Gäste buchen »all inclusive«. Während die Eltern die Wellnessangebote wahrnehmen, vergnügen sich die Kleinen im Miniclub, am Schildkrötengehege oder an einem der Strände. Fahrräder gibt es gratis, Schnorchelausflüge, Wandertouren, WLAN, Abendprogramm. Bootstransfer ab Mahé (15 Min., täglich kostenlose Fähren).

Ste. Anne Island, Victoria | Tel. 4 29 20 00 | www.sainteanne-resort.com | 87 Villen | €€€€

Weitere empfehlenswerte Adressen finden Sie im Kapitel SEYCHELLEN ERKUNDEN.

Preise für ein Doppelzimmer mit Frühstück:

€€€€ ab 350 €	€€€ ab 250 €
€€ ab 120 €	€ bis 120 €

ESSEN UND TRINKEN

*Fantasievoll und facettenreich präsentiert sich die Küche des
Inselreichs: Auf den Tisch kommen fangfrischer Fisch
vom Grill, pikante Saucen, würzige Currys, exotische Früchte,
Sorbets und raffinierte Cocktails.*

So aufregend und vielfältig wie der Inselstaat selbst ist auch sein kulinarisches Angebot, welches europäische, indische, afrikanische und chinesische Einflüsse vereint. Die Gerichte und Zutaten von drei Kontinenten finden in der kreolischen Küche eine Fusion, wobei die ursprünglichen Rezepte mit einheimischen Gewürzen verfeinert werden. Gekocht wird seit Jahrzehnten mit Produkten aus dem hauseigenen Gemüsegarten, fehlten doch oft die finanziellen Mittel für Markteinkäufe bzw. für importierte Waren aus Lebensmittelläden. Auch heute noch gehen die Seychellois selten zum Essen aus. Die meisten Restaurants haben sich vor allem auf den Geschmack der Gäste aus aller Welt eingestellt: Ihre Speisekarten offerieren neben **kreolischen Spezialitäten** eine bunte Mischung **internationaler Kost**, von Pastagerichten über Pizzen, Burger, Grillspezialitäten und Salaten bis hin zu asiatischen Leckerbissen.

◀ Barbecue am Strand von La Passe, mit
Fisch vom Grill: Was für ein Genuss!

Auf Mahé und Praslin konkurrieren italienische, französische, indische und chinesische mit kreolischen Restaurants. Auf anderen Inseln hingegen ist die gastronomische Vielfalt geringer, gelegentlich beschränkt sich das Angebot auf die Menüvorschläge des **Hotelrestaurants**. Viele Hotelgäste wählen Halb- oder Vollpension und essen morgens und abends am Buffet, welches eine große Speiseauswahl bietet. Unabhängige Speisegaststätten haben je nach Standort mittags zwischen 12 und 14.30 Uhr und/oder abends von 18.30 bis 22 Uhr geöffnet. Es empfiehlt sich, einen Tisch zu reservieren. Die hygienischen Verhältnisse sind im Allgemeinen unbedenklich, auch in kleinen Strandrestaurants.

Zum gepflegten **Dinner** werden von Männern in Restaurants ab mittlerer Preisklasse lange Hosen sowie angemessenes Schuhwerk erwartet, kragenlose Shirts werden nicht gern gesehen. Einfache Hotelrestaurants und solche der gehobenen Kategorie akzeptieren die gängigen Kreditkarten. Trinkgeld (Höhe nach eigenem Ermessen) wird gerne angenommen, aber nicht erwartet.

FOOD PROVIDER: INDISCHER OZEAN

Mittags ist es für eine deftige Mahlzeit mit Sauce oft viel zu heiß und drückend. Ein leichtes, saftiges und mild gewürztes Fischfilet vom Grill mit frischem Salat bietet sich da eher an. Viele **Strandlokale,** die oft bis in den Nachmittag hinein geöffnet haben, bieten gesunde Tropenkost an: Frische Fische und Meeresfrüchte decken ihren Tisch. Fisch spielt seit Generationen die Hauptrolle im Kostplan der Seychellois: 85 kg werden pro Person und Jahr im Durchschnitt verzehrt – das ist weltrekordverdächtig! Langeweile kommt bei der Vielfalt an großen und kleinen Meeresbewohnern mit Sicherheit nicht auf. Täglich schwärmen die Boote aufs Meer hinaus und kehren nie leer zurück. Kein Wunder, dass das Fischfilet so fein, zart und saftig schmeckt. Mittags und abends steht der tägliche Fang auf der Speisekarte eines jeden Restaurants. Die »Bourgeois« (Red Snapper), Capitaine Rouge, Marlins, Doraden, Cordonniers, Papageienfische, Bonitos, Schwert-, Thun- und Tintenfische wandern in vielfältigen Variationen auf den Speisezettel: garniert mit feiner Sauce, pikant gewürzt, in Kokosmilch gekocht, mit Sauce Creole auf Tomatenbasis, als Salat oder als Curry (Eintopf) mit raffinierten Gewürzen. Selbst gemachte Chilisaucen und Chutneys werden meist separat dazu gereicht.

Als Alternative stehen Fleisch- und Geflügelgerichte auf dem Menüplan, und nicht nur für Vegetarier gilt es, die vielen exotischen **Gemüsesorten** auszuprobieren: von frittierter Aubergine über Brotfrucht, Christophine (Chayoten oder »Soutsout«), Maniokwurzel, Süßkartoffel bis zum Salat aus grüner Papaya, Palmenherzen oder Kokossprossen. Eine Inselspezialität der besonderen Art sind Flughunde.

HARMONIE DER SINNE

Eine große Palette an **Gewürzmischungen** aus Vanille, Zimt, Muskatnuss, Gewürznelke, Gelbwurz, Citronella, Patchouli und anderen geben der kreolischen Küche ihre besondere Note, Chili sorgt für die nötige Schärfe. Reis gilt seit Jahrhunderten als wichtigste Beilage, während geröstete Brotfrucht heute eher seltener zubereitet wird. Jedoch kreieren die international ausgebildeten Küchenchefs der Hotel- und Spezialitätenrestaurants täglich neue Köstlichkeiten aus dem reichhaltigen Garten der Natur. Zum Abschluss locken köstliche Desserts: darunter Kalorienbomben wie süße Pralinen aus Kokos, Kochbananen, Süßkartoffeln und Karamel. Himmlisch schmecken in Kokosmilch gekochte Bananen (»daube de banane«), karamelisierte Ananas, »kat kat« (grüne Bohnen in süßer Kokosmilch), »moulouk« (fritierte Mehlplätzchen), »coconut nougat« oder »coconut crumble«, ein Streuselkuchen mit Kokosraspeln. Wer auf seine Linie achten möchte, findet viele Varianten frisch zubereiteter Fruchtsalate und Sorbets.

SOFTDRINKS UND BIER

Zum Essen genießen die Einheimischen gern ein kühles Bier, die nationale **Brauerei** produziert allein drei verschiedene Sorten. Die beliebteste Marke ist Seybrew, gefolgt von Eku und dem dunklen Guinness. Limonaden, Cola, Tonic Water, Ginger Ale und Bitter Lemon werden ebenfalls vor Ort produziert und in großen Mengen konsumiert. Kohlensäurehaltiges Mineralwasser läuft unter dem Namen Soda. Frische **Fruchtsäfte** findet man auf den Cocktailkarten der Hotels, unbedingt probieren sollte man den erfrischenden Saft der Kokosnuss. Obwohl Leitungswasser auf allen Inseln durchaus Trinkwasserqualität hat, wird Tafelwasser in Restaurants in abgefüllten Flaschen serviert.

Weinliebhaber müssen im Allgemeinen mit hohen Preisen und eingeschränkter Auswahl rechnen – nur in Luxushotels gibt es eine gute Auswahl internationaler Tropfen. Hier halten die Barkeeper auch eine Auswahl internationaler Spirituosen bereit und zaubern **Cocktails** ins Glas.

Einheimische Rumgetränke der Marke Takamaka Bay sowie Wodka-mischgetränke sind ebenfalls sehr beliebt. Einheimische Alkoholika wie »Calou«, ein vergärter Kokospalmenschnaps, oder »Bacco«, ein hochprozentiges Zuckerrohrgemisch, sind eher schwer zu finden. Sie werden meist in Eigenregie gebraut und unter der Hand gehandelt, sind von unterschiedlicher Qualität und nur in kleinen Mengen zu genießen.

BESONDERE EMPFEHLUNGEN

Marie-Antoinette Restaurant
▶ S. 71, westl. A 1

Kreolische Köstlichkeiten – In diesem historischen Kolonialhaus am Stadtrand von Victoria an der Straße nach Beau Vallon kommt echte kreolische Küche auf den Tisch, zum Angebot gehört oft sogar »fruit-bat«-Curry (Eintopf mit Flughund), eine ansonsten eher selten zu findende lokale Delikatesse. Das Menü besteht immer aus mehreren Gerichten des saisonalen Angebots in angenehmen Probiergrößen. Auf dem Gelände kann man auch Aldabra-Schildkröten sehen.
Mahé, Victoria, Revolution Ave., Grand Trianon St. Louis | Tel. 4 26 62 22 | Mo–Sa 11–23 Uhr | €€

La Plaine St. André
E 7

Schöner Rahmen, tolle Cocktails – Auf der hölzernen Terasse oder dem edlen Parkettboden des historischen Plantagenhauses im Südwesten von Mahé stehen festlich gedeckte Tische mit Blick auf kostbare Möbel oder den Garten. So edel und geschichtsträchtig wie das Haus präsentiert sich auch die Karte, allerdings mit modernen Einflüssen und raffinierten Kreationen bei den internationalen und lokalen Gerichten wie auch bei den Getränken. Favorit sind natürlich die im Nebengebäude distillierten Rumsorten, die man vor, während oder nach der Mahlzeit oder einfach nur an der stilvollen Bar genießen kann.
Mahé, Anse Takamaka | Tel. 4 37 20 50 | www.takamakabay.com oder www.laplaine.sc

Wollen Sie's wagen?

Wenn Sie auf den Seychellen Urlaub machen, probieren Sie »fruitbat«-Curry. Das scharfe Gericht mit viel Sauce gilt als besondere Spezialität der einheimischen Küche. Wer den putzigen Flughunden bei ihren Flügen über die Inseln oder beim Naschen vom nächsten Obstbaum zuschaut, wird sie vielleicht nicht verspeisen wollen – die Seychellois tun es jedoch sehr gern, auch wenn es hierbei viele kleine Knöchelchen auszusortieren und abzulutschen gilt. Dazu reicht man Reis und, wer's noch lokaler mag, probiert den Kokosschnaps »Calou« zum Nachspülen.

Weitere empfehlenswerte Adressen finden Sie im Kapitel DIE SEYCHELLEN ERKUNDEN.
Preise für ein dreigängiges Menü:

€€€€	ab 45 €	€€€	ab 30 €
€€	ab 20 €	€	bis 20 €

Grüner reisen
Urlaub nachhaltig genießen

Wer zu Hause umweltbewusst lebt, möchte vielleicht auch im Urlaub Menschen unterstützen, denen ein verantwortungsvoller Umgang mit der Natur am Herzen liegt. Empfehlenswerte Projekte, mit denen Sie sich und der Umwelt einen Gefallen tun können, finden Sie hier.

Unbewohnte Inseln, tropisches Klima, kilometerlange Riffe und fischreiche Meeresgründe – die Seychellen sind ein Naturparadies! Vorreiter beim Naturschutz sind private Luxushotels. Hier versuchen Spezialisten, den ursprünglichen Zustand der Inseln wiederherzustellen, teilweise mit erstaunlichem Erfolg. Vögel kehren zum Nisten zurück, Wälder erholen sich, das Riff gesundet. Wer das Konzept kennt, zahlt umso bereitwilliger den – zugegebenermaßen – sehr hohen Preis, denn ein großer Teil der Einnahmen fließt in Naturschutzprojekte! Auch die Regierung legt Wert auf die Erhaltung dieser einzigartigen Inselwelt.

Über 50 % der Landfläche und große Teile der Meeresgründe stehen unter offiziellem Schutz. Im 1979 geschaffenen Morne Seychellois Nationalpark, der mit 3045 ha gut ein Fünftel der Fläche Mahés bedeckt, herrscht eine üppige Vegetation, darunter fleischfressende Kannenpflanzen. 90 % der Insel **Silhouette** 6 wurden 2007 zum Nationalpark deklariert, da hier noch seltene Frosch-, Fledermaus- und Landschildkrötenarten vorkommen. Auf dem Aldabra Atoll wiederum, dem größten Atoll des Indischen Ozeans, leben über 100 000 Schildkröten, darunter die berühmten Aldabra-Riesenschildkröten. Die UNESCO ernannte dieses Atoll, wie auch das **Vallée de Mai** 6 auf Praslin, 1982 zum Weltnaturerbe.

SEHENSWERTES

Aride und Cousin Island 1

▶ Klappe vorne, B 2/3

Naturschutzparadiese westlich von Praslin. Von Biologen bewohnt und nur per Boot zu erreichen. Hier dreht sich hier alles um den Schutz von Insel- und Meeresflora und das Wohlergehen der endemischen Bewohner. Tausende Vögel (über 30 Arten) nisten im dichten Buschwerk – herrliche Fotomotive an jeder Ecke! Die beste Besuchsperiode ist die Nistzeit im April und Mai; Landkrabben, Wühlechsen, Leguane, Landschildkröten und Tausendfüßler gibt es dann in Massen. Die Besuchszeiten erfährt man bei einheimischen Reiseanbietern oder unter Tel. 4 32 16 00 und 2 71 97 78, Kosten ca. 35 € (500 SCR) pro Person/Insel.

www.arideisland.com, cousin@seychelles.net

Bird Island ▶ Touren auf den Seychellen, S. 164

Jardin du Roi auf Mahé 🚹 🌿 E/F 6/7

In diesem 1854 angelegten, großflächigen Gewürz-, Obst- und Gemüsegarten wächst u. a. Pfeffer und blüht Vanille. Auf dem privaten Gelände können große und kleine Gäste eine abwechslungsreiche Vegetation sowie viele Tierarten (Flughunde, Schildkröten, Vögel, Kaninchen, Reptilien etc.) entdecken. Ein kundiger Führer bietet Rundgänge an, bei denen alle Sinne angesprochen werden, man viel Neues anfassen sowie den Regenwald und das kleine Museum besichtigen kann. Im kreolischen Restaurant wird mit naturbelassenen heimischen Produkten gekocht (tgl. 12–16.30 Uhr, So Lunch-Buffet, abends ist eine Reservierung erforderlich).

Mahé, Anse Royale | Tel. 4 37 13 13 | E-Mail: brymich@seychelles.net | Garten tgl. 10–17.30 Uhr | Eintritt ca. 10 €, Kinder frei | Restaurant €€

ÜBERNACHTEN

Cousine Island ▶ Klappe vorne, B 3

Ganz im Zeichen des Naturschutzes und der Bewahrung einheimischer Flora und Fauna scheinen die wenigen Menschen auf Cousine nur geduldete Besucher zu sein. Viele Landschildkröten, rund 30 Vogelarten, darunter die vom Aussterben bedrohte Seychellen-Schamadrossel (»magpie robin«), sowie Millionen von Reptilien und Echsen tummeln sich in den Wäldern. Auf Naturkundeführungen kann man auf Tuchfühlung mit den tierischen Bewohnern gehen, aber auch rund um die riesigen, luxuriös ausgestatteten Gästevillen halten einige sich gerne auf. Wer das Besondere sucht, findet hier nicht nur die betörende Naturschönheit einer kleinen Robinsoninsel, sondern puren Luxus, gepaart mit einer tollen Küche vor.

Cousine | Tel. 4 32 11 07 | www.cousine island.com | 6 Villen | €€€€

Frégate Island Private

▶ **Klappe vorne, C 4**

Paparazzifreier Tummelplatz der Schönen und Reichen in luxuriösem Ambiente auf einer Trauminsel! Wer Frégate so beschreibt, vergisst, dass die Gäste der 16 Villen hier streng genommen weder unbeobachtet noch ungestört Urlaub machen können. Schuld daran sind über 600 Landschildkröten sowie Hunderttausende von Vögeln, die keine Scheu vor Menschen zeigen, darunter die weltweit größte Population der Seychellen-Schamadrossel (»magpie robin«), eine der bedrohten Vogelarten der Welt. Das Resort nutzt die Einnahmen aus den Übernachtungen u. a. zur Finanzierung seiner Naturschutzvision, bei der die Insel nicht nur ein Refugium für Ruhe suchende Gäste bleibt, sondern auch für die seit Jahrtausenden hier lebenden Pflanzen und Tiere. Frégate | Tel. 4 67 01 00 | www.fregate. com | 16 Villen | €€€€

North Island

▶ **Klappe vorne, A 3**

Wunderschöne Villen aus natürlichen Materialien, Stoffe aus Naturfasern, Glas statt Plastik! Dass Luxus, Komfort, Umweltverträglichkeit und Naturschutz vereinbar sind, beweist seit 2003 das stilvolle Resort auf der fruchtbaren Insel North. Geschickt in die Natur integrierte Bauten und ein kostspieliges Regenerierungsprogramm zeigen, dass Natur- und Artenschutz hier an erster Stelle stehen! Die Insel wurde zunächst aufwendig von Ratten, Mäusen, Katzen und anderen räuberischen Säugetieren befreit, die den Lebensraum der zahlreichen Vögel bedrohten. Mit erstaunlichem Erfolg: Viele einheimische Arten kehren zurück und nisten hier.

North | Tel. 4 29 31 00 | www.north-island.com | 11 Villen | €€€€

EINKAUFEN

KOSMETIK

The Station (Kosmetikinstitut Lily Moon)

▶ **S. 71, a 3**

Auf der Straße in Richtung Morne Blanc, oberhalb der Hauptstadt, hat das Naturheilkunde- und Kosmetikinstitut seinen Sitz. Die Heilkräfte der einheimischen Pflanzen sind Eingeweihten seit Jahrhunderten bekannt; dass dieses Wissen auch für Schönheit und Wohlbefinden wertvoll ist, hat die britische Besitzerin des Labors frühzeitig erkannt. Seit über zehn Jahren stellt das Institut in den Höhen von Victoria Naturkosmetikprodukte, Tees und Kräutersäfte her, die nachweislich das allgemeine Wohlbefinden steigern. Ein hübsches Café-Restaurant mit Blick auf die Küste sowie sechs künstlerisch sehr interessant gestaltete Gästezimmer gehören zur Anlage, die auch Yogakurse und -aufenthalte anbietet. Mahé, Sans Soucis, Sans Soucis Road | Tel. 4 22 57 09 oder 4 22 42 03 | www.the stationseychelles.com | Mo–Sa 9–17 Uhr

Kreolfleurage Parfum

▶ **D 1**

In der kleinen Parfümerie am North East Point, nördlich von Victoria, stellt die deutsche Besitzerin bereits seit 1988 edle Parfums aus heimischen Blumen und Kräutern her. Der beliebteste Duft trägt den Namen »Bwanwar« (Kreolisch für »bois noir« = schwarzes Holz) und wird aus 42 verschiedenen Essenzen zusammengestellt. Mahé, North East Point | Tel. 4 24 13 29 | www.kreolfleurage.com | Mo–Fr 8–18, Sa 9–18, So 10–14 Uhr

FESTE FEIERN

Subios-Festival der Unterwasserfotografie

Alljährlich im Oktober und November, wenn der Indische Ozean am ruhigsten und klarsten ist, findet das weltweit einzigartige Subios-(Sub-Indian Ocean Seychelles-)Festival der Unterwasserfilme und -fotografie statt. Nicht nur Tauch-, Film- und Fotofreunde aus allen Teilen der Erde zieht es zu Ausstellungen, Diashows und Fotowettbewerben, die in größeren Hotels auf Mahé und Praslin stattfinden. Gastreferenten halten interessante Vorträge zu dem sensiblen Marineökosystem der Inselgruppe. Dem neugierigen Gast und Naturfreund präsentieren sich Einblicke in die paradiesische Unterwasserwelt der Inselnation, und es wird immer wieder darauf aufmerksam gemacht, wie fragil deren Gleichgewicht ist. Das seit 1989 bestehende Festival leistet einen wichtigen Beitrag zum Schutz der Meeresflora und -fauna. Auskünfte unter www.subios.com oder beim Tourismusbüro in Victoria (Tel. 4 67 13 00).
Mahé und Praslin

WELLNESS

Verwöhnprogramm mit einheimischem Know-how

Heimische Pflanzenwirkstoffe, Aromen und Mineralien entfalten in den Cremes, Seifen und anderen Kosmetikprodukten des Lily Moon Instituts (The Station) in den Höhen von Victoria ihre Kräfte. Anwendung finden die Naturkosmetikprodukte namhafter internationaler Hersteller auch in den Spas vieler Hotels, wo sie bei Aromatherapie- und Ölmassagen, Beauty-Behandlungen und Verwöhnbädern eingesetzt werden. Grundlage bilden naturreines Kokosöl oder Geraniumextrakte, wobei das Wissen traditioneller Heiler mit modernster Technik und Forschung verknüpft wird, um höchstmögliche Wirksamkeit zu garantieren!

Die Wahrscheinlichkeit, auf den Inseln der Seychellen (im Bild Frégate, ▶ S. 31) einer der zahlreichen hier lebenden Riesenschildkröten zu begegnen, ist groß.

Im Fokus
Einzigartig und unvergleichlich –
die Pflanzenwelt der Seychellen

*Der wahre Schatz der Seychellen versteckt sich keinesfalls
in den noch immer unentdeckten Piratennestern
legendärer Seeräuber, sondern offenbart sich dem aufmerksamen
Beobachter in der faszinierenden Flora der Inseln.*

So abwechslungsreich und vielfältig wie die Landschafts- und Klimazonen, so einzigartig präsentiert sich auch der Pflanzenreichtum der Seychellen. Aufgrund jahrtausendelanger Isolation und rarer Besucher von Menschen konnten sich viele Pflanzenarten halten, die in anderen Teilen der Welt schon vor langer Zeit ausgestorben sind. Ebenso entwickelten sich in den spezifischen Klimazonen und auf den unterschiedlichen Inseln über Jahrhunderte Variationen von Pflanzenarten, die nirgendwo sonst existieren. Auf den Seychellen gibt es Millionen dieser Mikrolebensräume und über 700 endemische Pflanzen, wovon einige zu den seltensten der Welt zählen. Hinzu kommt eine große Zahl von eingeführten Pflanzenarten, wie z. B. die überall zu findende Kokospalme oder der Zimtbaum, der heute in weiten Teilen Mahés verbreitet ist. Diese importierten Pflanzen, die landwirtschaftlich genutzt werden bzw. wurden,

◄ Kannibale der heimischen Flora: die
fleischfressende Kannenpflanze (▶ S. 36).

bedrohen häufig den natürlichen Lebensraum einheimischer Arten. Einige wenige endemische Arten starben deshalb bereits aus, dennoch sind die Seychellen mit ihrem üppigen Bewuchs eine wahre Fundgrube für Pflanzenfreunde. Bei einem Spaziergang durch die Wälder wähnt man sich in einem Urwaldparadies, in dem sämtliche Schattierungen von Grün vorherrschen und dazwischen ab und zu eine farbenprächtige exotische Blüte aufleuchtet – ein unvergessliches Erlebnis, wie es nur die Natur bietet.

Der Botanische Garten (▶ S. 70) in Victoria auf Mahé sowie der beeindruckende Nationalpark **Vallée de Mai** ⭐ auf der Insel Praslin, letzterer die Heimat der legendenumwobenen »Coco de Mer«-Palme, gehören zweifelsohne zu den Höhepunkten einer Seychellenreise und ziehen auch Nicht-Botaniker in ihren Bann.

DAS ERBE VON GONDWANALAND

Millionen von Jahren lagen die Seychellen wie im Dornröschenschlaf – weit abseits im Indischen Ozean. Pflanzen, Vögel, Kleintiere, Insekten und eine wunderschöne, bunte Unterwasserwelt konnten bis zur Besiedelung erster Inseln im 17. Jh. ihrer Entwicklung freien Lauf lassen und sich an Umgebung und klimatische Verhältnisse ideal anpassen. Erste Besucher fühlten sich wie in einem Schlaraffenland und berichteten in ihren Tagebüchern und Briefen begeistert von dieser enormen Vielfalt! So entdeckten Biologen schon bei ersten Expeditionen mehr als 80 verschiedene Baum- und Pflanzenarten, die nirgendwo sonst auf der Welt existieren. Heute weiß man von 766 blühenden Arten, 85 Farnen und 81 Baumarten, die damals ohne Gefahren durch Eindringlinge wachsen und sich nahezu unendlich ausbreiten konnten.

An den oberen Hängen des Mount Bernica auf Mahé wächst zum Beispiel ein endemischer Baum, der zu den seltensten der Welt zählt, bereits als ausgestorben galt und 1970 wiederentdeckt wurde: der immergrüne Quallenbaum (»jellyfish tree«) – sein botanischer Name lautet Medusagyne oppositifolia –, eine urzeitliche Pflanze. Er lebt unter trockenen Bedingungen zwischen Granitblöcken in Höhenlagen von 300 bis 600 m, ist ca. 8 m hoch und bringt Blüten hervor, die an umgestülpte Quallen erinnern. Sechs Exemplare dieses Baumes finden sich übrigens auch im Regenwald der Vallée de Mai auf Praslin.

Eine ebenso kuriose, auf Silhouette und im Gipfelbereich der Berge Copolia und Glacis auf Mahé gedeihende endemische Pflanze ist die fleischfressende Kannenpflanze (Nepenthes pervillei), auch »lalyann potao«, »liane pot-à-eau« oder »perville's pitcher plant« genannt.

DER KANNIBALE UNTER DEN PFLANZEN

Es gibt weltweit zwar 70 Arten dieser Pflanze, aber nur eine Variante kommt auf den Seychellen vor und sonst nirgendwo auf der Erde. Weibliche und männliche Pflanzen wachsen getrennt in breitflächigen Teppichen auf dem kargen Granituntergrund dieses feuchten Hochgebiets bzw. klammern sich an vorhandene Wurzeln und Gestrüpp. Ihre Blätter sind entweder als Ranken ausgeformt, die zum Klettern und Haltsuchen gebraucht werden, oder sie bilden kleine trichterähnliche Gefäße, in denen sich eine enzymhaltige Flüssigkeit befindet, die zur Verdauung von Insekten dient. Die Insekten fallen, angelockt durch den Blütenduft und die Zuckersekretion der Blätter und Innenwände der Kelche, in den Trichter und werden dort durch die in der Pflanze vorhandenen Enzyme »verarbeitet«. Ein kleiner Deckel verhindert, dass Regen diese Verdauungsflüssigkeit verdünnt. Erstaunlicherweise existiert in den Wachstumsgebieten der Kannenpflanze ein endemischer Moskito (Uranotaenia nepenthes) bzw. ebenso dessen Milbe, die beide auf den Pflanzen leben und der tödlichen Verdauungsflüssigkeit gegenüber resistent sind.

Unter den blühenden Pflanzen tritt übrigens besonders die Paradiesvogelblume (»tropic bird flower«, »fleur paille en queue«) hervor, die zur Familie der Strelitziengewächse gehört. Die orange-rote Schönheit ist auch im Botanischen Garten in Victoria zu bewundern ist.

HEXENKÜCHEN DER NATURHEILER

Viele endemische Pflanzen wurden und werden seit Jahrhunderten zu medizinischen Zwecken benutzt. Naturheiler, sogenannte herbalists, werden auf den Seychellen zwar offiziell nicht als Mediziner anerkannt, da sie aber nicht selten außergewöhnliche Heilungserfolge erzielen, werden sie von der kreolischen Bevölkerung gern konsultiert. Eine Heilpflanze, die wie eine Heckenpflanze wächst, über gelbe Blüten und bohnenähnliche Schoten mit essbarem Mark darin verfügt, heißt auf kreolisch »kaspyant« (Cassia occidentalis). Eine weitere medizinisch genutzte Pflanze ist die »lapsouli« (Justicia gendarussa) und zeichnet sich durch lilarote Stengel aus. Dies sind nur wenige Beispiele für die Zutaten aus der Natur, die in den »Hexenküchen« der Naturheiler Verwendung finden. Auf dem

Markt von Victoria ⭐ werden Tees und Kräuter feilgeboten, denen ebenfalls alle möglichen Heilkräfte zugesprochen werden – bei vielen haben sie zum Teil schon geholfen. Überzeugen Sie sich selbst!

MYTHOS »COCO DE MER«

Um die »Coco de Mer«-Palme mit ihren riesigen Fächerblättern und ihrer berühmten Doppelkokosnuss, die auch unter der Bezeichnung Meereskokosnuss, Seychellennuss oder »koko dmer« bekannt ist, ranken sich viele Sagen. Vor langer Zeit wurden einzelne Nüsse dieses Baumes an entfernten Ufern angeschwemmt. Niemand wusste, woher diese seltsam geformte Frucht stammte, und so wurde angenommen, dass sie auf dem Meeresboden wächst, daher ihr Name. Aufgrund der ungewöhnlichen Form, die an ein weibliches Becken bzw. an zwei Pobacken erinnert, wurden ihr verschiedenartige geheimnisvolle Kräfte nachgesagt: Sie galt als Heilmittel und Talisman zugleich. Die riesige Nuss, die bis zu 60 cm lang und bis zu 22 kg schwer werden kann, war vor allem bei den damaligen Herrschern sehr begehrt. Kaiser, Könige und Sultane bezahlten hohe Summen, um in ihren Besitz zu gelangen. In Indien wurde gar ihr Gewicht in Gold aufgewogen, und in Japan galt sie als Heiligtum.

Geschichten um die »Coco de Mer« existierten also schon lange, bevor man überhaupt den wahren Ort entdeckte, an dem diese Frucht wächst: die Insel Praslin. Ihre Heimat, das Urwaldgebiet der Vallée de Mai, ist ein streng geschützter Nationalpark – bereits 1983 wurde das »Maital« von der UNESCO zur World Heritage Site erklärt. Eine Besonderheit ist, dass es getrennte weibliche und männliche Palmen gibt, die sehr langsam reifen. Ein weiblicher Baum braucht ca. zwei Jahre bis zur Geschlechtsreife und weitere 25 Jahre, bis er die ersten Früchte trägt: die berühmten, riesigen, zunächst meist ovalen, grünen Nüsse, die größten Pflanzensamen der Welt. Später nimmt die Nuss eine gräulich-braune Farbe an, und die Form der Doppelkokosnuss tritt stärker hervor. Die männlichen Exemplare bilden kurioserweise große, bis zu 1 m lange und etwa 5 cm dicke Samenkolben, die in ihrer Form an einen riesigen Penis erinnern. Auf diesen grün-braunen Gebilden wachsen viele kleine gelblich-orange Blüten. Deren Pollen werden von Bienen, grünen Eidechsen (Geckos), Nacktschnecken oder vom Wind auf die weiblichen Bäume übertragen. Somit pflanzt sich der Baum nicht über mystische Paarung in stürmischen Nächten fort, wie eine andere Legende behauptet. Wenn die Blätter bei Wind gefährlich rauschen und knacken, kann man sich allerdings gut vorstellen, wie eine solche Mär entstehen konnte.

EINKAUFEN

Farbenfrohe Gemälde, bunte Tücher, anregende Düfte oder Souvenirs aus »Coco« sind hübsche Mitbringsel für die Daheimgebliebenen. Formgebung und Farben lassen auf viel Fantasie der Künstler schließen.

Das Angebot an Mitbringseln, die auf den Seychellen hergestellt werden, ist relativ klein. Zwar gibt es in Souvenirläden das übliche kunterbunte Sammelsurium, das meiste davon aber ist importiert. Kunstliebhaber werden dafür ihre helle Freude an den vielen **Galerien** mit Malereien oder Skulpturen einheimischer Künstler und an den Produkten der Kunstwerkerstätten haben. Gemälde bekannter Künstler (▸ Im Fokus, S. 60) wie Barbara Jenson (La Digue), Michael Adams, Gérard Devoud, Alyssa Adams, Evelyn Fanchette, George Camille, Georges Boniface oder Skulpturen von Antonio Fillipin oder Tom Bowers sowie Aquarelle und Seidenmalerei von Andrew Gee (alle auf Mahé) gibt es auch in vielen Galerien und Hotelboutiquen. Auch Mobiles, Lampen oder Vasen aus buntem Glas, geschnitzte Figuren, Schiffsmodelle, Kosmetikprodukte oder Schalen und Rahmen aus dem Holz der Kokospalmen sind beliebte Souvenirs.

◀ Beliebtes Mitbringsel: handgefertigtes
Miniaturmodell eines Segelschiffs.

Die Sinne werden angesprochen und Erinnerungen wachgerufen, wenn man sich für ein **Parfum** aus lokaler Herstellung entscheidet. Verschiedenen Duftnoten der von einer Deutschen geleiteten Firma Kreolfleurage (▶ S. 32) stehen zur Auswahl, auch natürliches oder parfümiertes Kokosöl pflegt und verwöhnt gleichermaßen. Die Firma Lily Moon/The Station (▶ S. 32) stellt vor Ort Schönheitsmittel aus Naturprodukten her. Seifen in Form von Seychellennüssen und Körperöle oder -cremes in verschiedenen Geruchsrichtungen sind ebenfalls weit verbreitet.

DUFTENDE ERINNERUNGEN

Erinnerungen ans Hotelfrühstück oder so manche »tea time« werden wachgerufen, wenn man daheim einen Seyte Special Vanilla Tea oder Citronelle Tea aus der lokalen Teefabrik aufbrüht. Der leicht nach Vanille schmeckende, feingemahlene schwarze **Tee** steht in der Teefabrik am Morne Blanc (▶ S. 88), aber auch in vielen Hotelboutiquen, im Duty Free-Bereich des Flughafens und in jedem Supermarkt zum Verkauf. Es gibt noch eine Vielzahl von Geschmacksrichtungen und auch getrockneten Zitronengrastee, der sehr schmackhaft und gesund ist. Gewürze und Gewürzmischungen sind ebenfalls schmackhafte und beliebte Mitbringsel, wovon nur einige aus lokaler Produktion stammen. Die beste Auswahl bietet der **Markt in Victoria** ⭐. Wer es hochprozentiger mag, findet eine kleine Auswahl an Rum- und Mischgetränken in originellen Flaschen und Geschmacksrichtungen vor. Der tropische, cremige »Coco d'Amour« (Kokoslikör) wird in einer Flasche in Form einer »Coco de Mer«-Seychellennuss verkauft. Eine einheimische Rummarke namens Takamaka bietet Hochprozentiges. Man findet sie in der Destillerie im Südosten Mahés, in Hotelboutiquen, am Flughafen und in Supermärkten.

EDLE »COCO DE MER« UND WEITERE SCHMUCKSTÜCKE

Ein teures, aber exklusives Mitbringsel ist eine »**Coco de Mer«-Frucht** (Seychellennuss). Jedes Exemplar ist registriert und kann nur mit schriftlicher Genehmigung (vom Händler auszufüllen) ausgeführt werden. Ihre Preise liegen zwischen 150 und 600 € pro Stück. Da viele Romantiker, Flitterwöchner und wohlhabende Gäste die Seychellen bereisen, boomt auch das Geschäft mit Schmuckstücken. Ob aus Gold, Silber oder Platin, mit oder ohne Edelsteine, Perlen oder Perlmutt – die Auswahl ist groß.

Kreolor produziert vor Ort, Kenwyn House vor allem in Südafrika, Black Pearl Farm züchtet **Perlen** nahe des Flughafens auf Praslin und verarbeitet sie vor Ort in Schmuckstücke. Einheimische Künstler verwerten auch Samen, Fasern, Gewürze und andere einheimische, natürliche Materialien in ihren Modeschmuckkreationen. Vielfach werden auch **Schmuck** und Dekorstücke aus Korallen oder Muscheln angeboten. Davon sollte man jedoch die Finger lassen, da sie zur Ausbeutung der stark geschädigten und bedrohten Unterwasserwelt beitragen.

Entlang der Francis Rachel Street in Victoria werden in kleinen Häuschen Souvenirs, Kleidung und Kunsthandwerk in großer Auswahl angeboten. Im Südosten Mahé befindet sich ein kleines **Kunsthandwerkerdorf**, die sogenannte Village artisanale. Obwohl einige der kleinen Hütten verwaist sind und das ganze etwas ausgestorben wirken mag, findet man hier neben hochwertigen Modellschiffen aus dem Studio La Marine (Village artisanale, Domaine de Val des Prés, Mahé, Tel. 4 37 51 52) viele kleine Gegenstände und Souvenirs von einheimischen Künstlern und Händler. Neben den beliebten bedruckten T-Shirts (aus örtlicher Herstellung z. B. aus dem Pineapple Studio in Anse aux Poules Bleues, Tel. 4 36 12 30) und Strandtüchern (Pareos), gibt es selbst hergestellte Batiken, Näh- oder Töpferarbeiten, Körbe, Dekoartikel, Modeschmuck und vieles mehr. Zwei **Wochenmärkte** finden regelmäßig statt, die Atmosphäre und das Angebot sind jedoch anders als von daheim gewohnt.

BESONDERE EMPFEHLUNGEN

Kenwyn House ▶ S. 71, b 2

In dem historischen Holzhaus im Zentrum Victorias werden aus Südafrika stammende Schmuckstücke, Diamanten und Edelsteine, Kunstgegenstände und hochwertige Souvenirs zum Verkauf angeboten. Während man beispielsweise Schmuck von Kenwyn House auch am Flughafen und in einigen Hotelboutiquen finden kann, gibt es nur hier eine große Auswahl an Kunstwerken einheimischer Maler. Ein Besuch der kreolischen Villa aus dem 19. Jh. lohnt schon wegen der Architektur, der antiken Möbelstücke und dem schönen Garten.

Mahé, Victoria, Francis Rachel St. | Tel. 4 22 44 40 | www.kenwynhouse.com | Mo–Sa 8–16 Uhr

Mittwochsmarkt in Beau Vallon ⚓ C2

Am Mittwochnachmittag schlagen hinter dem Strand von Beau Vallon einheimische Händler und Köchinnen ihre Stände auf. Hier wird geschaut, gehandelt, gekauft und gegessen: frischer Fisch vom Grill, frittierte Brotfruchtstreifen, frisches Obst, einheimische Spezialitäten mit Reis, bunte Kleidungsstücke, Taschen, Hüte ..., das Angebot ist vielseitig und jede Woche etwas anders. Es ist auch nicht speziell für Gäste gemacht, sondern vor allem für Einheimische interessant und dementsprechend bunt und exotisch. Musik erklingt, es wird gelacht und zu später Stunde auch getanzt. Hier kommt man ins Staunen und Probieren, vielleicht ergibt sich das eine oder andere interessante Gespräch. Ein ähnlicher Markt findet freitags in Victoria statt.

Mahé, Beau Vallon | Mi 16–21 Uhr

Thoughts Stained Glass Studio

▶ S. 71, a 2

Wunderwerke aus buntem Glas stellt das von der südafrikanischen Besitzerin geleitete Glasstudio am Stadtrand von Victoria her: zauberhafte Mobiles, Lampen, Vasen oder Figuren. Im Atelier kann man den Künstlern beim Anfertigen ihrer glitzernden und klingenden Werke zusehen.

Mahé, Victoria, Bel Air Road | Tel. 4 32 12 54 | E-Mail: thoughts@seychelles. net | Mo–Fr 9–17, Sa 9–12 Uhr

Village artisanal

F 5/6

Wer hier einkauft, erhält nicht nur einen guten Überblick über Souvenirs aus lokaler Produktion und importierte Waren, er unterstützt auch heimische Kleinhändler. Die Qualität sollte gut geprüft werden. Der Preis ist möglicherweise ein wenig verhandelbar, die Auswahl ist groß. Auch der Garten, in dem sich die Hütten mit den Verkaufstischen um ein im kreolischen Stil errichtetes Haus gruppieren, ist idyllisch.

Mahé, Domaine de Val des Prés | Tel. 4 37 51 52 | Mo–Sa 10-16 Uhr

Weitere Geschäfte und Märkte finden Sie im Kapitel DIE SEYCHELLEN ERKUNDEN.

Mittwochsmarkt am Strand von Beau Vallon (▶ S. 40): Der Duft von frisch gebratenen Fischen kitzelt Nase und Gaumen, die tropischen Früchte sind eine Augenweide …

SPORT UND STRÄNDE

Einsame Traumstrände unter Palmen laden zum Entspannen und Träumen ein. Wer hingegen ein quirliges Strandleben mit sportlichen Aktivitäten bevorzugt, sollte einen Ort oder ein Hotel mit entsprechendem Angebot wählen.

Die Strände auf den Seychellen sind eine wahre Augenweide und bieten Entspannung für gestresste Mitmenschen, von Einheimischen werden sie gelegentlich zum abendlichen Kicken benutzt. Die »Seselwa« lieben Fußball, und auch ein Beach Volleyballspiel kann sie locken. Motivierte Gäste können sich gern anschließen und ins Spiel einsteigen, so kommen Spaß und Geselligkeit auf. Generell finden Aktivurlauber vor Ort eine Fülle unterschiedlicher Sportmöglichkeiten vor. Angebote fürs Aktivprogramm gibt es nicht nur in den Hotels. Die Seychellen bieten herrliche **Wandermöglichkeiten** mit spektakulären Aussichtspunkten. Die immergrüne Pflanzenvielfalt zieht sich bis auf den höchsten Berggipfel hinauf, unterschiedliche Klimazonen sorgen für großen Artenreichtum.
Zusätzlich zum Hotelangebot bieten einige private Veranstalter sportliche Aktivitäten zu Land und zu Wasser an: Vor allem **Tauchschulen** ar-

◄ Eingerahmt von Granitfelsen: die zauberhafte Anse Source d' Argent (► S. 48).

beiten mit Hotels zusammen, ebenso werden Parasailing- oder andere
Motorbootsportarten von privaten Anbietern durchgeführt, gegen die
entsprechende Gebühr.

ZU WASSER UND ZU LAND

Das Sportangebot der **Hotels** ist auf Anfänger und Fortgeschrittene zuge-
schnitten: Aquagym, Kajak, Schnorcheln, Windsurfen, Katamarane,
Hobbiecats, Wasserski, Tretboot – je nach Lage bieten Hotels verschiedene Aktivitäten an, ihre Internetseiten informieren über das Angebot. In
vielen Luxushotels steht das Material kostenlos zur Verfügung, in einfa-
cheren Unterkünften von **Einheimischen** ist das Angebot recht begrenzt,
oder es überwiegen private, kostenpflichtige Anbieter. Tauchen, Hochseefischen, Katamaranexkursionen, Fun Tube und Banana-Boat-Fahrten
oder Parasailing werden immer extra abgerechnet. Die meisten Motorbootsportarten werden nur auf Mahé angeboten, in der Bucht von Beau
Vallon. Hat die Unterkunft die gewünschte Aktivität nicht im Programm,
findet sich schnell der entsprechende **private Veranstalter** bzw. wird vorgeschlagen, wo man seine Aktivität ausüben kann.
Auch Landratten kommen nicht zu kurz. Die meisten Hotelanlagen verfügen über Tennisplätze und Fitnessräume mit modernen Trainingsgerä-
ten. Manchmal stehen Mountainbikes bereit, und gelegentlich kommen
noch Tischtennis, Bogenschießen, Boule, organisierte Wanderungen,
Yoga, Stretching und Aerobic hinzu. An Mahés Westküste und auf der
Insel La Digue werden auch Ausritte angeboten, auf letzterer stehen Rad-
touren hoch im Kurs, da dies die einfachste und sportlichste Art ist, das
Eiland zu erkunden.

VON WELLNESS BIS FITNESS

Nach der sportlichen Aktivität – oder einfach nur zum Entspannen –
gönnt man sich am besten eine wohltuende Anwendung in den **Spas** einiger Hotels. In den Luxushotels finden sich regelrechte Perlen an Well-
nessfarmen, in denen man nach allen Regeln der Kunst mit Massagen
und anderen Körperbehandlungen verwöhnt wird. Viele Hotels bieten
auch Yoga, Pilates, Aqua-Gym oder Meditation in Einzelstunden oder
Kursen an. Über das jeweilige Angebot informieren die Gästebetreuer.
Wer etwas für Körper und Seele tun möchte und sich dabei lieber unter

Einheimische mischt, wird sich an deren Begeisterung fürs **Tanzen** erfreuen. Ob am Wochenende am Strand, in öffentlichen Tanzlokalen oder bei Sonderveranstaltungen, die »Seselwa« schwingen gern ihre Hüften und bewegen sich rhythmisch und anmutig zur Musik. Sie freuen sich, wenn Gäste sich einbringen oder bei den in den Hotels stattfindenden Tanzvorführungen auch das Tanzbein schwingen – bei den flotten Séga-Klängen gerät man schnell ins Schwitzen!

WIE ALICE IM WUNDERLAND

Selbst weitgereiste Taucher fühlen sich in den Gewässern der Seychellen wie in einem Wunderland. Wurden zwar einige Gebiete rund um die Hauptinseln, darunter auch der **Ste. Anne Marine Park** 🔴, 1998 stark von der Korallenbleiche in Mitleidenschaft gezogen, so berichten erfahrene Taucher, dass die **Unterwasserwelt** sich inzwischen zum Teil wieder regeneriert. In den Gewässern um die bewohnten Inseln und an abgelegenen Riffen, die eine etwas längere Anfahrtszeit benötigen, findet sich eine Vielzahl von hervorragenden Tauchplätzen mit einer artenreichen und faszinierenden Unterwasserwelt. Zusätzlich bieten einige Geheimplätze, z. B. rund um die Insel Alphonse oder vor Marianne, von der Korallenbleiche völlig verschonte und unbeschädigte Korallenriffe, Steilwände und obendrein noch einige spannende Wracks. Auf den meisten Inseln gibt es PADI-Tauchzentren, die Kurse aller Schwierigkeitsgrade anbieten. Zu den Anlagen auf entfernteren Inseln gehört jeweils eine Tauchschule. Die zugelassene Höchsttiefe für Tauchgänge ist 25 m, die Benutzung von Harpunen und anderen Waffen ist untersagt (▸ Im Fokus, S. 50).

ANGELN, FLIEGEN- UND HOCHSEEFISCHEN

Angelfreunde werden ihre helle Freude am Indischen Ozean haben. Experten schwärmen vom Reichtum an Großfischen rund um die Koralleninseln Denis und Bird, da der Meeresboden unmittelbar hinter dem Riff tief abfällt. Hier sind große Blaue Marline (Speerfische), Haie, Thunfische, Barracudas, Bonitos und viele andere Arten auf Futtersuche. Die Gegend gilt als Sportfischerparadies. Die Hotels bieten professionell ausgestattete Boote mit erfahrener Crew an, selten kehren sie ohne reichen Fang zurück, sodass regelmäßig Trophäen in Form eines Fotos mit nach Hause genommen werden können.

Beim Leinenfischen (mit einer einfachen Angelschnur) gelingt es selbst Anfängern, einige Exemplare an den Haken zu locken. Ein Geheimtipp für Fliegenfischer ist die Lagune von St. François in der Alphonse-Inselgruppe (Saison: Mai bis Oktober).

GOLF UND TENNIS

Golfer können sowohl auf Mahé als auch auf Praslin ihrer Leidenschaft frönen. Der private Reef Golf Club südlich des Internationalen Flughafens auf Mahé mit seinem 9-Loch-Platz akzeptiert Gastspieler, ansonsten ist das Constance Lémuria Resort of Praslin (▶ S. 24) mit seinem 18-Loch Championship Golfcourse ein Eldorado für Profis und Amateure. Hier werden auch Kurse aller Stufen angeboten. Zu vielen größeren Hotels gehört ein Tennisplatz, die nötige Ausrüstung sollte möglichst mitgebracht werden, da das meiste Material gemietet werden muss und von minderer Qualität ist.

RADFAHREN

Radfahrer fühlen sich besonders auf La Digue wohl, wo sich quasi die ganze Inselbevölkerung per Drahtesel fortbewegt. Aber auch auf Praslin gibt es einige Vermieter und ruhige Wegstrecken, wobei es durchaus sportlich werden kann. Vorsicht, durch die Inselmitte hindurch verläuft der Weg hügelig, und an der Südküste muss man zwei sehr starke Steigungen bewältigen – nehmen Sie auf jeden Fall ausreichend Trinkwasser und einen Sonnenhut mit!

REITEN

Das Glück auf dem Rücken eines Pferdes kann man auf Mahé bei Barbarons erleben (Utegangar Riding Center, Anse Cimetière, Tel. 2 71 23 55) oder auf La Digue am Union Estate (Informationen in der La Digue Lodge). Über weitere Reitangebote informieren Sie sich am besten an der Rezeption Ihrer Unterkunft.

Welcher Pferdefreund träumt nicht von einem Ausritt an einem weißen Traumstrand? Möglich wird er an der Anse aux Poules Bleues bei Barbarons (▶ S. 45, 90).

SCHNORCHELN UND TAUCHEN

Selbst weit gereiste Taucher sind von den Seychellen-Gewässern beeindruckt. Anfänger und Fortgeschrittene schwärmen von Korallenbänken, Wracks, Steilwänden, Tunnels, Höhlen und Haitauchplätzen rund um die Inseln. Zwar sind die Korallenbestände rund um die drei Haupinseln in den letzten 20 Jahren stark zurückgegangen, die professionellen Tauchzentren fahren jedoch interessante Stellen an, die Einblicke in eine weitgehend intakte Unterwasserwelt ermöglichen. Zahlreiche gute Tauchreviere unterschiedlichen Niveaus sind innerhalb kurzer Zeit per Boot erreichbar – egal, von wo aus man startet. Private und an Hotels angegliederte Tauchschulen bieten Kurse aller Niveaus nach internationalen Richtlinien (PADI, CMAS, NAUI etc.) an, erfahrene Taucher können an geführten Tauchgängen teilnehmen und/oder Material ausleihen oder ihre Flaschen füllen lassen.

Fortgeschrittene Taucher sollten ihr Brevet, Logbuch und ein medizinisches Attest über Tauchtauglichkeit mitbringen. Schnorchler hingegen sollten sich entweder geführten Touren, z. B. im **Ste. Anne Marine Park** 6, anschließen oder sich gut informieren, wo lohnenswerte und strömungsfreie Schnorchelplätze liegen. Die Sicht ist vor allem im Oktober/November und im März/April sehr gut, da zu diesen Zeiten das Wasser nicht so bewegt und trübe ist.

SEGELN/MOTORBOOT

Die Gewässer der Seychellen sind ein ideales und beliebtes Revier für Skipper aller Stufen und für private Jacht-kreuzfahrten. Wer auf einer Jacht zwischen den Inseln kreuzen möchte, muss entweder mit seinem eigenen Boot anreisen oder schließt sich einer organisierten Fahrt oder Kreuzfahrt an; vor Ort ist diese Art des Reisens etwas schwieriger zu organisieren – Spezialreisebüros und Veranstalter informieren über die vorhandenen Möglichkeiten. Segler können vor Ort Boote ausleihen und mehrtägige Törns mit oder ohne Skipper und Crew unternehmen. Der Veranstalter Sunsail beispielsweise vermietet gut gewartete und eingerichtete Boote verschiedener Größen und Kategorien, auf Wunsch mit oder ohne lokales Know-how an Bord. Das sollte man durchaus in Betracht ziehen, denn niemand als die »Seselwa« kennt sich in den Gebieten der Inner und Outer Islands besser aus, weiß, auf welchen Eilanden man an Land gehen kann, wo geschützte Buchten liegen oder ein Korallenriff zum Schnorcheln oder Tauchen versteckt ist. Es lohnt sich auf alle Fälle, ein ortskundiges Team mit an Bord zu haben. Über das Angebot für Segler informieren Spezialveranstalter oder örtliche Anbieter wie Creole Travel Services oder Mason's Travels.

WANDERN

Vor allem die Berge im Norden Mahés bieten sich für Wanderungen an. Der Morne Seychellois Nationalpark schützt eine einzigartige Flora und Fauna und wird von mehreren Wanderwegen durchzogen. Ein Höhepunkt ist sicher die Besteigung des **Morne Blanc** 7 (667 m, ca. 45 Min.). Der Beginn des nur 1 km langen, aber schweißtreibenden, teilweise über

Wurzeln und Felsen führenden Wegs ist ausgeschildert. Er liegt einige 100 m oberhalb der Tea Factory (▶ S. 88) auf der La Misère Road. Mag der Weg auch etwas unregelmäßig markiert sein (blaue bzw. gelbe Querbalken), so wird man am Ziel immer mit spektakulären Ausblicken belohnt. Ebenfalls von der La Misère Road startet der Pfad zum 497 m hohen Copolia (▶ Touren auf den Seychellen, S. 158). Zur Grundausrüstung für Wanderer gehören bei sämtlichen Touren gutes Schuhwerk mit rutschfester Sohle, regenabweisende Jacke, Sonnen- und Insektenschutz sowie mindestens 1 l Wasser pro Person und Stunde. Obwohl alle Wanderungen in maximal 3 Std. zu bewältigen und nicht zu schwierig sind, empfindet man sie wegen des tropisch-schwülen Klimas oft als sehr anstrengend – mei-

den Sie die Mittagshitze! Interessant ist auch die Besteigung der Les Trois Frères (725 m), von deren Höhenplateau man einen herrlichen Blick auf Mahé und die Ostküste hat.
Empfehlenswert sind auch Küstenwanderungen auf Mahé (z. B. zur Anse Major ▶ S. 84), Praslin und La Digue, die Inselüberquerung auf Praslin oder die Besteigung des höchsten Berges, des Nid d'Aigle (333 m) auf La Digue (▶ S. 140). Karten und Informationen erhält man im Besucherzentrum des STB in Victoria (▶ S. 76), die Mitarbeiter informieren auch über zur Verfügung stehende Wanderführer.
Da es in der Vergangenheit gelegentlich zu räuberischen Überfällen auf Wanderer oder zu Einbrüchen in parkende Autos gekommen war, sind am Beginn der beliebtesten und in diesem

Wegen ihrer vielfältigen und bunten Unterwasserwelt sind die Seychellen – im Bild die kleine Île Coco – ein ideales Gefilde zum Schnorcheln (▶ S. 46).

Buch empfohlenen Wanderungen ab ca. 9 Uhr morgens meistens Beamte der Touristenpolizei im Einsatz, die Besucher beraten, bei Bedarf sogar begleiten (vor allem Einzelwanderer sollten diesen Service nutzen!) und auf die Sicherheit aller Wanderer bedacht sind. Sie können nicht immer überall gleichzeitig präsent sein, andererseits ist dieser Service kostenlos und führte nach seiner Einführung schnell zum erwünschten Erfolg, dem unmittelbaren Rückgang von kriminellen Vorfällen. Die freundlichen Polizisten geben auch gern Erklärungen zu Fauna, Flora und Geschichte der Region.

STRÄNDE

Kaum eine Bucht auf den Seychellen ist nicht mit einem Traumstrand verziert, malerisch eingerahmt von Granitfelsen. Die Badestrände sind leicht erreichbar, und nicht selten findet man dort auch Einsamkeit, wenn man nicht gerade die bekanntesten Küstenstrecken anfährt oder sich an einen Strand legt, der direkt neben der Straße liegt.

LA DIGUE

Anse Coco ▶ S. 131, c 3

Etwa eine halbe Stunde benötigt man zu Fuß, um von der Grand' Anse zur verträumten Anse Coco zu laufen – keine Straße führt hierher. Abgestorbene Korallenbänke erschweren das Baden, am nördlichsten Ende kann man jedoch zwischen den Felsen herrlich schnorcheln.

Anse Source d'Argent ▶ S. 131, a 4

Der meistfotografierte Strand der Seychellen weckt Träume vom Paradies.

Die Zehen im warmen Sand, den Ozean vor Augen, die Palmen flüstern im Wind, eine laue Brise streichelt die Haut: Die Anse Lazio (▶ MERIAN TopTen, S. 49) betört die Sinne.

Das Wasser ist flach und ruhig, schwimmen kann man deshalb nicht so gut, sondern sich eher im Wasser treiben lassen. Zum Strand gelangt man über das Gelände Union Estate (Eintritt 10 € pro Person).

Grand' Anse ▶ S. 131, c 4

Berge von Granitblöcken, zwischen denen sich die Wellen einen Weg zum Ufer bahnen, rahmen diesen wunderschönen Sandstrand ein. Er ist zwar ziemlich breit, fällt jedoch recht steil zum Meer hin ab. Zwischen November und April kann man hier meist baden, außerhalb dieser Zeit und bei starkem Wellengang herrschen gefährliche Strömungsverhältnisse.

MAHÉ

Anse Intendance 🏖 E 8

Langer, feinsandiger Strand im Süden Mahés, nur ein Hotel steht in der Bucht, das auch eine für alle offene Strandbar betreibt. Von Mai bis September, während des Monsuns, kann das Meer jedoch zu bewegt zum Schwimmen sein.

Anse Soleil und Anse Takamaka 🏖 D 6/E 7

Kleine, aber sehr hübsche Sandbuchten zwischen Granitfelsen im Südwesten der Insel. Herrlich zum Schnorcheln, Restaurants sind vor Ort.

Beau Vallon Beach 🏅 🏖 C 2

Der längste, beliebteste und belebteste Sandstreifen der Insel liegt im Nordwesten entlang einer weitreichenden Bucht. Hier liegen viele Hotels, Restaurants und bieten Bootseigner Ausflüge an. Wunderschöne Sonnenuntergänge

und der Blick auf die Inseln Silhouette und North ziehen viele Einheimische und Besucher hierher.

Port Launay Marine National Park 🏖 B 3

Der schmale Sandstrand im Nordwesten wird am Wochenende von kreolischen Familien bevölkert und unter der Woche von den Gästen des Ephelia Hotels genutzt. Kinder können im flachen, ruhigen Wasser planschen.

PRASLIN

Anse Georgette ▶ S. 107, a 1

Dieser wunderschöne, einsame Strand ist mittlerweile nicht mehr leicht öffentlich zugänglich. Er befindet sich am Ende des Golfplatzes des Constance Lémuria Hotels und kann deshalb von Nicht-Hotelgästen nur mit Genehmigung durch die Sicherheitsleute am Tor oder auf dem Wasserweg erreicht werden.

Anse La Blague ▶ S. 107, d/e 2

Diese kleine Bucht liegt am Ende einer Sackgasse auf einer Halbinsel der Ostküste. Sie ist selbst während des Südostmonsuns geschützt und wellenarm, jedoch kann es dann ziemlich windig sein.

Anse Lazio 🏅 ▶ S. 107, a/b 1

Seit Jahren gilt dieser Strand als einer der schönsten im ganzen Land. Im türkisfarbenen glasklaren Wasser lässt es sich herrlich planschen, der Meeresboden fällt ganz allmählich ab, Strömungen machen jedoch vom Ufer wegführende Schwimmausflüge gefährlich. Vor Ort warten zwei gute Restaurants mit kreolischer Küche.

Im Fokus
Abenteuer Tauchen –
Faszination Unterwasserwelt

Viele Nicht-Taucher werden sich nach den ersten Blicken durch die Schnorchelmaske von der Begeisterung der Unterwasserfreunde anstecken lassen und zu Anhängern des Tauchsports werden.

Hier erwartet sie eine völlig neue und farbenfrohe Welt, schließlich begegnet man bei einem zehnminütigen Tauchgang am Riff mehr Lebewesen als in einem ganzen Jahr auf der Landoberfläche. Die Vielfalt der Arten ist in diesen Breiten schier unbeschreiblich. Ihre Zahl hat nach der Korallenbleiche von 1989 glücklicherweise wieder stark zugenommen.

BUNTE VIELFALT UNTER WASSER

Zwar sind Schäden an den Korallen noch vielerorts sichtbar; Fische, Krustentiere und andere Meeresbewohner gibt es dennoch überall in großen Mengen und unglaublicher Vielfalt. In tieferen Zonen oder rund um Alphonse Island sind die Riffe völlig intakt: Steilwände, Höhlen und abenteuerliche Wracks warten hier auf die seltenen Besucher. Auch die Fischvielfalt ist hier wie auch andernorts enorm: Von spektakulären Wal-

◀ Farbenfroh, heiter, verspielt: tropisches
Stillleben mit Korallen und Fischen.

haien, den Riesen der Ozeane (beste Zeit im August und von Oktober bis Januar), bis hin zum kleinsten Rifffisch reicht die Bandbreite, auch Schildkröten werden vielerorts gesichtet. Es lohnt sich, in diese neue, faszinierende Welt einzutauchen, denn diese Sportart ist für Menschen jeden Alters geeignet – vorausgesetzt, sie sind gesund und können schwimmen. Rund 20 verschiedene Tauchzentren, von denen einige auch an Hotels angeschlossen sind, bieten Ausflüge zu Korallenriffen, Schiffswracks und anderen Sehenswürdigkeiten unter Wasser an. Sie verleihen Ausrüstung und betreuen Unterwasserfreunde aller Leistungsstufen. Meistens unterrichten sie nach den international anerkannten PADI-Richtlinien, die auch überprüfen, dass die Sicherheitsvorkehrungen eingehalten und die Materialien regelmäßig gewartet werden. Zu den Resorts auf den entfernter gelegenen Inseln gehört fast immer eine Tauchschule. Die zugelassene Höchsttiefe für Tauchgänge liegt landesweit bei 25 m, das Mitführen oder gar Benutzen von Harpunen, Messern und anderen Waffen ist untersagt.

Übrigens: Auch Kinder können in die Geheimnisse der Tauchkunst eingeführt werden: Beim Bubblemaker-Tauchkurs lernen neugierige Knirpse zwischen acht und zwölf Jahren das richtige Atmen und Bewegen unter Wasser.

SEGELBOOTE MIT TAUCHSCHULE

Die hölzernen Segelboote »Sea Shell« und »Sea Pearl« kreuzen seit Jahren in den Gewässern der Seychellen. Zwei modernere Boote, die »Sea Star«, ein luxuriös ausgestatteter Dreimaster mit neun Kabinen, und die »Sea Bird« kamen hinzu. Zusätzlich zu den Rundfahrten und dem Besuch einer Fülle von ausgezeichneten Tauchplätzen kann die »Sea Star« sogar bis zum Aldabra Atoll fahren (Möglichkeiten und ggfs. Termine auf Nachfrage). An Bord aller Schiffe gibt es Vollverpflegung mit guter Küche, kostenlosen Verleih von Windsurfbrettern, Kanus, Schnorchel- und Angelausrüstung. Tauchlehrer begleiten die Tour.

INFORMATIONEN

Silhouette Cruises ▶ S. 71, c 2
Segeltörns und Kreuzfahrten zwischen den Inseln auf hölzernen Schonern.

Mahé, Victoria, Inner Harbour | Tel. 4 32 40 26 oder 2 51 40 51 | www. seychelles-cruises.com | 8–9 Kabinen pro Boot | €€€

FESTE FEIERN

*Ob Kirchenfeste wie Mariä Himmelfahrt auf La Digue oder weltliche
Anlässe wie Carnaval International oder das Festival Kreol
in Victoria: Unter blauem Himmel wird ausgelassen gefeiert, gegessen
und getrunken, getanzt und gelacht.*

In jedem Ort der Seychellen ragt ein Kirchturm über die Dächer der Häuser hinauf in den Himmel. Da rund 90 % der Seychellois (»seselwa«) den römisch-katholischen Glauben praktizieren, sind es vor allem **christlichen Feste**, die im Jahresfestkalender der einheimischen Bevölkerung verankert sind. Die »seselwa« sind ein fröhliches und tanzfreudiges Volk, daher laden auch **weltliche Feste** zum ausgelassenen Feiern ein. Spaß, Genuss und Vergnügen spielen im Inselreich eine große Rolle.

Musik und Tanz sind so mit der heimischen Kultur verwachsen, dass sie omnipräsent sind und auf keinem Fest fehlen dürfen. Einheimische und internationale Musik ertönt nicht nur am Wochenende aus den Jukeboxen durch die Häuserwände. Nach dem morgendlichen Kirchgang, der vor allem vom weiblichen Teil der Bevölkerung sehr ernst genommen wird und zu dem die Damen sich gern herausstaffieren, wird oft gegrillt,

◀ Beim Festival Kreol (▶ S. 55) wird in
Victorias Straßen ausgelassen gefeiert.

gepicknickt und auch getanzt. Spätestens dann gesellen sich auch die Herren der Schöpfung dazu.

Ein Blick in die Wipfel der Kokospalmen lässt dort hin und wieder Plastikflaschen erkennen, die unterhalb der Palmenwedel am Stamm baumeln. Sie fangen den Palmsaft auf, der anschließend zum einheimischen **Kokosschnaps** »calou« vergoren wird, denn auch Alkoholkonsum gehört bei vielen Feiern dazu – und selbst gemachter »calou« mag zwar nicht legal sein, doch immerhin ist er gratis.

MUSIZIEREN, TANZEN, LACHEN

So wird tatsächlich bei allen Festen musiziert, getanzt, getrunken und gelacht, die das ganze Jahr vorherrschende tropische Wärme und das gute Wetter ermöglichen diese rege Feierkultur mit Barbecue am Strand, Lagerfeuer und Tanzabenden im Freien. Traditionelle, von heidnischen Traditionen geprägte Elemente sind bei vielen der Feierlichkeiten spürbar, dazu gehören Einlagen von Kampfsporttänzen oder erotisch anmutende Bewegungen zur Musik. Der **Séga**-Tanz, die »**moutia**« oder auch der »**kamtole**« sind traditionelle Tanzrichtungen, die aus der Zeit der Sklaven und Kolonialherren stammen. Während Séga ein Paartanz ist, bei dem sich die beiden Partner werbend und in den Hüften wiegend zum Rhythmus der Musik umtanzen, herrschen bei der ursprünglich von Sklaven gesungenen »moutia« melancholische Töne und Melodien vor. »kamtole«-Tänze stammen aus der französischen »Contredanse«-Tradition und sind heutzutage eher selten zu sehen. Hierbei wird in Gruppen getanzt, was an amerikanischen Squaredance erinnert. Bei Vorführungen für Touristen in Hotels wird vor allem Séga getanzt und gespielt; auch bei einheimischen Festen herrscht diese Musikrichtung vor, neben internationalen Richtungen wie Reggae, Pop oder Zouk.

RENAISSANCE DES KARNEVALS

Seit einigen Jahren wurde der Carnaval International de Victoria wiederbelebt und hat sich seither zum größten und farbenfrohsten Fest der Inselnation entwickelt. An einem Wochenende im April wird an drei Tagen in und rund um die Hauptstadt **Karneval** gefeiert, wozu Gruppen aus der ganzen Welt eingeladen werden, die am Eröffnungsfest sowie am großen Umzug mit Motivwagen teilnehmen. Letzterer stellt den Höhepunkt der tollen Tage dar: In exotische Kostüme gekleidete Menschen aus allen Ländern des Indischen Ozeans defilieren in den Straßen von Victoria, aber auch Gruppen oder Einzelpersonen aus Europa, der Karibik oder Lateinamerika nehmen teil – 2014 waren gar 26 Nationen dabei.

Ein weiteres wichtiges und sehr eindrückliches Fest findet zu **Mariä Himmelfahrt** alljährlich am 15. August statt. Vor allem die gesamte Inselgemeinde von La Digue gedenkt an diesem Tag der Auferstehung der Jungfrau Maria mit einer feierlichen **Prozession**. Vor den Häusern werden kleine Altäre aufgebaut und mit Blumen geschmückt. In einer großen, bunten Prozession ziehen die Gläubigen am späten Vormittag zur großen Kirche am südlichen Ende der Ortschaft La Réunion. In kostbare Gewänder gekleidet, gehen sie singend hinter der hölzernen Marienstatue her. Der Weg führt entlang der Ostküste vom im Norden gelegenen Friedhof zum stattlichen Gotteshaus. Viele Seychellois anderer Inseln reisen extra zu diesem farbenfrohen Fest an. Am Abend nach dem Auferstehungsfest finden – wie auch bei allen anderen Festen der Inseln oder zu privaten Anlässen – Tanz- und Musikveranstaltungen statt. Auf La Digue ist dann viel los!

MÄRZ/APRIL

Ostern

Über 90 % der einheimischen Bevölkerung sind römisch-katholischen Glaubens und feiern christliche Festtage. Ostern ist das wichtigste Fest im Kirchenkalender. Wie auch Weihnachten wird es im großen Familienkreis begangen.

APRIL

Carnaval International de Victoria

Ein farbenfrohes Fest zur Huldigung des Karnevals und der Festkultur vieler Nationen. In den Straßen spielen dann Bands, und das Eröffnungsfest wird aufwendig auf einer Open-Air-Konzertbühne zelebriert. Während, vor und nach dem Karnevalsumzug feiern Tausende Einheimische und auch viele Besucher am Straßenrand kräftig mit. Nach Ende des Festzuges sind die Kneipen und Bars in Victoria bis spät abends gut besucht. Drei Tage im April

AUGUST

Assomption auf La Digue

Mitte August wird nach altkatholischer Tradition die Auferstehung der Jungfrau Maria (Mariä Himmelfahrt) gefeiert. Wird dieser Tag an vielen Orten mit einer Messe oder im Stillen begangen, so ist er auf La Digue Höhepunkt des Kirchenjahres und zieht auch viele Besucher von anderen Inseln an. Die Vorbereitungen dauern wochenlang: Häuser werden herausgeputzt, Altäre geschmückt, die Marienstatue erhält einen neuen Anstrich. Nach einer Andacht auf dem Friedhof wird die Statue in einer feierlichen Prozession, begleitet von Gesängen und Gebeten, zur Inselkirche getragen, in der an diesem

Tag nicht alle Besucher zur anschließenden Messe Platz finden.

15. August

SEPTEMBER

Regattafest, Beau Vallon

Dieses Fest wird seit Jahren gefeiert, wenngleich ohne Bootsrennen. Trotzdem wird in Beau Vallon getanzt und gelacht. Jung und Alt treffen sich am Strand. Es treten Musikgruppen auf, Grillstände verbreiten verführerische Düfte, und bis in die Nachtstunden findet Animation statt.

Erstes Wochenende im September

OKTOBER/NOVEMBER

Festival Kreol

Zur Zeit des International Creole Day (28. Oktober) wird mehrere Tage lang dieses Fest gefeiert – eine Hommage an die Kunst und Kultur der Inselvölker des Indischen Ozeans. Dann wird Victoria bunt geschmückt; die Straßen sind oft bis abends belebt. Künstler reisen aus Mauritius, La Réunion, selbst aus der Karibik an und treten im Rahmen eines bunten Unterhaltungsprogramms auf. Musik, Tanz, Modeschauen, Umzüge, Ausstellungen, Lesungen und andere kulturelle Veranstaltungen geben Einheimischen und Gästen Einblick in die kreolische Lebensart und Kultur. Die Veranstaltungsorte liegen meist in größeren Hotels, Sportstadien und Schulen auf Mahé. Den Veranstaltungskalender erhält man beim Tourismusbüro in der Independence Street in Victoria (Tel. 4 6/ 13 00) oder beim Festival Kreol Komitee, in Mont Fleuri auf Mahé (Tel. 4 22 54 77).

Letzte Oktoberwoche

Da die meisten Seychellois römisch-katholisch sind, werden Feste wie Ostern (▶ S. 54), wie bei Christen üblich, mit einer feierlichen Prozession begangen.

MIT ALLEN SINNEN
Die Seychellen spüren & erleben

Reisen – das bedeutet aufregende Gerüche und neue Geschmacks-erlebnisse, intensive Farben, unbekannte Klänge und unerwartete Einsichten; denn unterwegs ist Ihr Geist auf besondere Art und Weise geschärft. Also, lassen Sie sich mit unseren Empfehlungen auf das Leben vor Ort ein, fordern Sie Ihre Sinne heraus und erleben Sie Inspiration. Es wird Ihnen unter die Haut gehen!

◄ Sein Name steht für Kunst auf Mahé: Michael Adams (▶ MERIAN TopTen, S. 57).

SEHENSWERTES

Besuch bei der Künstlerfamilie von Michael Adams ⭐   ▶ D 6

In seinen Bildern versucht Michael Adams seit den 1970er-Jahren die Farben, Formen und Vielfalt der Seychellen einzufangen. Ein unvergessliches Erlebnis ist ein Besuch beim Künstler und seiner Familie in seinem Studio in Anse aux Poules Bleues auf Mahé. Tief versteckt im dichten Buschwerk lebt Familie Adams in ihrem hübschen Holzhaus mit Studio. Besucher können sich am Schaffensort des wohl bekanntesten Künstlers der Seychellen, der 2000 von Queen Elizabeth II. zum Sir geadelt wurde, umschauen. Seine Gemälde, wie auch die seiner beiden Kinder, können vor Ort bewundert werden. Michael oder seine Frau Heather führen Gäste gerne durchs Studio und durch den üppigen Garten (Mückenschutz mitnehmen!). Im **Art Studio** (an der Straße zwischen Anse à la Mouche und Baie Lazare) erwartet den Besucher eine Oase der Ruhe und der Herzlichkeit. Man merkt der Künstlerfamilie an, dass sie mit Herz und Seele bei der Sache ist und ihre Wahlheimat über alles liebt.

Art Studio: Mahé, Anse aux Poules Bleues | Tel. 4 36 10 06 | Mo–Fr 10–16, Sa 10–12 Uhr

Bird Watching

Nicht nur Ornithologen sind begeistert von den nahezu »hautnahen« Begegnungen mit faszinierenden Vögeln. Vor der Ankunft des Menschen konnte das Federvieh auf den Inseln ohne natürliche Feinde leben und sich fortpflanzen. Noch heute sind die Vögel völlig angstfrei gegenüber Menschen, wobei man peinlich darauf achtet, dass keine räuberischen Tierarten, die allesamt vom Menschen hierher gebracht wurden, ihren Fuß auf die Insel setzen dürfen. Frégate, North und Cousine sind solche **Vogelparadiese**, die jedoch nur

von Gästen besucht werden können, die dort auch nächtigen, und das kann sich leider nicht jeder leisten.

Tagesbesuchern offen stehen **Cousin** und **Aride** ⭐, von Umweltschutzorganisationen betreute, ansonsten jedoch von Menschen unbewohnte Inseln. Eine Besonderheit ist **Bird Island** (▶ S. 164), ein flache Koralleninsel, die den saisonal sich hier aufhaltenden Seevögeln riesige Nistflächen bietet und deren gefiederte Population zu Spitzenzeiten mehrere Millionen beträgt. Auf all diesen Inseln kann man sich den Vögeln bis auf wenige Zentimeter nähern. Angst ist ihnen zwar fremd, dennoch sollte man sie nicht stören oder gar berühren. Hundertfach bieten sich herrliche Fotogelegenheiten. Nistende Paradiesvögel brüten auf dem Boden ihre Eier aus und blicken

Besuchern neugierig entgegen. »sooty tern«-Babys (Rußseeschwalben) sitzen mit flauschigem Federkleid auf dem Ast, Eltern kommen angeflogen und füttern ihre Brut, die gierig nach Futter krächzt. Die riesigen Fregattvögel ruhen in Baumwipfeln und sind mit dem Fernglas zu erspähen, viele andere Arten nisten auf dem Erdboden oder im Buschwerk nahe dem Boden.

La Veuve Special Reserve

▶ S. 131, a/b 2/3

Auf Mahé, Praslin und La Digue ist die Zahl an Vögeln weniger hoch, da hier Katzen, Ratten und Hunde die natürlichen Nistplätze bedrohen. Trotzdem haben auf La Digue einige wenige Paare des »Black Paradise Flycatchers« (Paradiesschnäpper) überlebt. Das kleine Feuchtbiotop neben der Ortschaft La Passe ist der letzte Zufluchtsort des auch »La Veuve« (Die Witwe) genannten Papageis. In einem kleinen, sumpfigen Schutzgebiet inmitten von La Passe kümmert man sich um den Fortbestand dieser Art. Ein kleines Besucherzentrum (leider unregelmäßig geöffnet) informiert in einer Ausstellung über den seltenen, wunderschönen Vogel mit dem schwarzen Federkleid, von dem im Jahr 2000 nur noch etwa 140 Paare gezählt wurden. Ihn in natura zu entdecken erfordert etwas Geduld. Wer frühmorgens oder in der Abenddämmerung leise durchs Reservat streift (mit ausreichend Mückenschutz bzw. Schutzkleidung lässt es sich gut aushalten), hat die besten Chancen, diese höchst seltene Art zu sehen, die meistens als Paar auftritt. Der Gesang bzw. das Zirpen verrät den Aufenthaltsort, trotzdem lässt sich inmitten

des üppigen Blätterdaches häufig nur ein flatternder Schatten ausmachen.

La Digue, bei La Passe | Mo–Fr 7–16 Uhr | Eintritt frei

ESSEN UND TRINKEN

Fresh Coco trinken

Im warmen Klima bietet es hervorragende Kühlung: das leicht bitter-süße Wasser der Kokosnuss. Die Kokospal-

me ist seit Jahrhunderten das Lebenselixir der Seychellois. Alles an ihr ist verwertbar und wird traditionell genutzt: Holz, Blätter, Fasern, Saft, Palmenherz und Nuss. Letztere wird von Einmischen und Touristen besonders geschätzt: Direkt vom Baum gepflückt, aufgeschnitten und pur aus der Schale getrunken, ist das nahrhafte Wasser der grünen Kokosnüsse schmackhaft und mit seinem hohen Mineralgehalt eine gute Energiequelle. Es hilft bei Müdigkeit, Durchfall, Magenbeschwerden oder Flüssigkeitsverlust bei Hitze. Das zarte, weiche Fleisch ist ebenfalls köstlich, man sollte es nach dem Trinkgenuss auslöffeln. Trinkkokosnüsse gibt es auf dem Markt in Victoria, an Obstständen (z. B. auf La Digue) oder als Begrüßungsdrink im Hotel.

WELLNESS

Verwöhnprogramm im Spa

»Body Wraps« mit Naturprodukten, Aromatherapie- oder Ölmassagen, Entspannungsbäder, Beautybehandlungen und danach ein Kräutertee und viel Ruhe – wer richtig abschalten möchte, findet in den Spas der großen Hotels wunderschön gestaltete Rückzugsorte mit perfektem Verwöhnprogramm und professionellem Service. Viele Spas verwenden noch dazu Produkte, in denen heimische Pflanzenwirkstoffe, Aromen und Mineralien enthalten sind. Behandlungspläne werden individuell zusammengestellt, je nach Bedarf über mehrere Tage oder sogar in Verbindung mit einem speziellen Ernährungsplan. Immer mehr Hotels, vor allem solche der Fünf-Sterne-Kategorie, bieten Wellnessprogramme und ganzheitliche Behandlungen an, manche davon akzeptieren je nach Auslastung auch Nicht-Hotelgäste. Die meist aus Asien stammenden Therapeutinnen massieren nach fernöstlichen und europäischen Techniken, führen auch Stretching durch oder bieten Kurse an. Alle Wellnesszentren sind architektonisch sehr ansprechend, behandelt wird in geschmackvoll dekorierten Räumen mit traumhafter Aussicht aufs Meer. Besonders schöne Spas gibt es im Banyan Tree, Raffles Praslin, Hilton Seychelles Northolme, Constance Lémuria Resort, Frégate Island, North Island, Maia Luxury Resort & Spa, Ste. Anne Resort & Spa, Hilton Seychelles Labriz, Château de Feuilles auf Praslin, Kempinski Resort und Le Meridien Fisherman's Cove. Wer einen weniger kommerziellen Rückzugsort sucht, findet in The Station (▶ S. 32) ein für die Seychellen einzigartiges Yoga-Retreat vor, dessen ganzheitliches Konzept Menschen anzieht, denen die Harmonie von Körper und Seele am Herzen liegt. Yoga- und Meditationskurse sind nur ein Teil des Angebots (www.thestationseychelles.com).

Yoga, Meditation & Co (▶ S. 59): Vom Alltag gestresste Gäste finden im Constance Lémuria Resort das perfekte Hideaway mit wohltuenden Retreats für Körper und Seele.

Im Fokus
Zu Gast bei einheimischen Künstlern ⭐

*Viele einheimische Künstler spiegeln die Vielseitigkeit und
Schönheit der Seychellen in ihren Kunstwerken wider.
Sie lassen sich inspirieren von Farben und Formen, von den
Gesichtern und der Kultur der Seychellois.*

Wen faszinieren sie nicht: die Kontraste und Farbspiele der Natur und des
Meeres? Besucher der Seychellen schwärmen von Blauschattierungen des
Meeres, vom Farbspiel des Himmels während des Sonnenuntergangs,
von den Reflexen der Lichtstrahlen im Wald oder einfach von den satten
Grüntönen der tropischen Vegetation – auf Millionen Fotos versuchen
die Menschen sie einzufangen.
Beherrschten früher vor allem bunte Ölgemälde von Pflanzen und Tieren
oder Aquarelle von kreolischen Häusern die Wände der Galerien und
Kunsthandlungen, so haben sich die Motivvielfalt und die Maltechniken
verändert bzw. weiterentwickelt, sie sind vor allem vielseitiger geworden.
Als Pioniere der Malerei auf den Seychellen gelten die Künstler Michael
Adams und Christine Harter, die beide in den 1970er-Jahren aus Großbritannien, wo sie Kunst studiert hatten, auf die Seychellen kamen und dort
blieben. Ihre farbenprächtigen Bilder stellen vor allem Pflanzen, Blumen
und Häuser ihrer Wahlheimat auf recht abstrakte Art und Weise dar und

◀ Die Valmer Art Gallery (▶ S. 62): das Reich
des Künstlers Gérard Devoud.

sprechen damit ein großes Publikum an. Adams bevorzugt Ölgemälde,
während Harter sich auf Aquarelle spezialisierte. Beide Künstler brachten
es zu internationalem Ruhm, und ihre Kunst wurde so richtungsweisend
für die Seychellen, dass man heute von der Michael-Adams-Schule
spricht. Etliche ihrer Schüler, die sie in ihren Anfangsjahren am Seychelles College unterrichtet hatten, orientierten sich an ihrem Stil und
gaben diesem nur eine leichte persönliche Prägung. Gerard Devoud und
Donald Adelaide beispielsweise, beide einheimische Künstler, produzie-
ren farbenfrohe, expressionistische Bilder mit Motiven aus der Natur.

MOTIV- UND STILVIELFALT

Auch meine persönliche Lieblingskünstlerin, die ebenfalls aus Großbritannien stammende Barbara Jenson, malte in den 1980er-Jahren, also in
ihrer Anfangszeit auf den Seychellen, vor allem Landschaften und Häuser
– solche Motive verkaufen sich gut und werden von Touristen als Ur-
laubssouvenirs gern mit heimgenommen. In den 1990er-Jahren verlager-
te sich ihr Schwerpunkt auf die Darstellung von Menschen: Bunte Bilder
von Markt- oder von Tanzszenen entstanden, die Pinselführung bei den
Landschaftsbildern wurde gröber. Noch etwas später begann Barbara
Jenson sich auf Gesichter von Menschen zu konzentrieren, die in ihrem
Umfeld auf La Digue leben und denen sie täglich begegnet. »Portraits«
nennt sie diese abstrakten Darstellungen von Frauenköpfen, die sie in
Acryltechnik auf Aluminium oder Leinwand malt – sehr ausdrucksstarke
Darstellungen, in denen sich die Vielfalt der ethnischen Herkunft der
Seychellois widerspiegelt.

Jüngere einheimische Künstler, die in den letzten Jahren an Bedeutung
gewonnen haben, sind Golbert Nourice, Denis Chang Seng und Raymon.
Während Nourice atmosphärische Bilder von Menschen und deren Bewegungen produziert, bringt Chang Seng plastische und eher realitätsna-
he Bilder auf die Leinwand, die vor allem Landschaften und Menschen
zeigen. Raymon lebt und arbeitet auf Praslin und kreiert mit grober Pinselführung Ölgemälde, die – geprägt von faszinierenden Farbenspielen –
vor allem Fischer- und Meeresszenen einfangen. Zu den genannten
Künstlern gesellen sich noch weitere Maler, Bildhauer, Fotografen, Mode-
schöpfer und Kunsthandwerker, die jeder auf seine Art das Leben und die
Vielfalt der Seychellen in ihrer Kunst reflektieren.

Die Ausstellungsräume und Galerien dieser örtlichen Künstler lohnen alle einen Besuch, sicher lässt sich hier so mancher zu einem Kauf farbenfroher Bilder verleiten. Fast alle Maler leben auf Mahé. Donald Adelaide hat sein Atelier (Tel. 2 57 48 53, Mo–Sa 9–18 Uhr) bei Baie Lazare, in der Nähe der örtlichen Polizeistation. Folgt man der Straße in Richtung Anse Soleil, gelangt man unweit der Einfahrt zum Four Seasons Hotel zum Studio des britischen Künstlers Andrew Gee (Tel. 4 36 11 59 oder 2 71 26 77, Di–So 11–17 Uhr), dessen Aquarelle und Seidenmalereien besonders schön sind. Gérard Devoud (Tel. 4 34 41 48, Mo–Sa 8–19 Uhr) betreibt eine Galerie am Valmer Resort, gegenüber der Einfahrt zum Kempinski Hotel. Der wohl international bekannteste Künstler ist der Maler Michael Adams (▶ S. 56), dessen kurioses Haus in einem urwaldähnlichen Tropenwald ebenfalls besichtigt werden kann (Tel. 4 36 10 06, Mo–Fr 10–16, Sa 10–12 Uhr). Es liegt in Anse aux Poules Bleues, nördlich von Baie Lazare an der Straße nach Anse La Mouche. Barbara Jenson lebt und arbeitet auf La Digue. Ihr Studio liegt südlich der Kirche in Anse Réunion, direkt an der Straße und ist kaum zu übersehen, denn täglich hängen ihre Bilder zur Ansicht aus.

George Camille ist ein einheimischer Maler, der seine bunten Kunstwerke in vielen Geschäften zum Kauf anbietet. Seine eigene Galerie liegt im Osten von La Digue am Strand Anse Grosse Roche. Hier kann man auch Postkarten und kostengünstigere Drucke mit Inselmotiven erstehen, der Künstler selbst ist jedoch selten vor Ort.

An der abgelegenen Anse La Blague auf Praslin lebt und schafft Robinson Sey. Marx. Sein Atelier liegt am Ende der Stichstraße in dieser einsamen Bucht. Und hier kann man die farbenfrohen Gemälde und Kunstwerke des gebürtigen Seychellois auch bewundern bzw. käuflich erwerben.

MUSIK UND TANZ LIEGEN IM BLUT

Weitere künstlerische Ausdrucksformen der Seychellois sind Musik und Tanz. Diese haben ihre Wurzeln in der Geschichte der Inselbewohner, vor allem in der Kultur ihrer Herkunftsländer. In Tanz und Musik verbinden sich die Einflüsse zweier Kontinente. Die Wurzeln der rhythmischen kreolischen Séga-Musik liegen in Afrika, während der Kampftanz »moringue«, der ursprünglich aus Madagaskar stammt, von Drohgebärden und fließenden Bewegungen begleitet wird. Europäische und traditionelle Instrumente geben in den zeitgenössischen Ausdrucksformen der Musik gleichermaßen den Takt an, schließlich vermischten sich afrikanische Elemente mit französischer Tanz- und Musiktradition des Contredanse, des Walzers oder der Quadrille, die heute in ihrem Ursprungsland so gut wie ausgestorben sind.

DIE SÉGA – RELIKT AUS DER SKLAVENZEIT

Der Inbegriff kreolischer Musik ist die Séga – was zu Sklavenzeiten entstand (und verboten war), gilt heute als bedeutender Kulturträger und darf auf keinem Fest fehlen. Meist erklingt die Séga aus den Lautsprechern einer Musikanlage, eher selten kann man erleben, wie sie live auf traditionellen und/oder modernen Instrumenten gespielt wird. Neben einer Trommel, der »ravanne«, »moutia«, »djembe« oder »doumdoum«, deren Haut vor dem Einsatz über einem Feuer erwärmt wird, spielen besonders die beiden Rhythmusinstrumente »maravane« und »bobre« eine wichtige Rolle in der traditionellen Séga-Variante. Die »maravane« ist ein flacher, mit Linsen oder Reis gefüllter Behälter. Die Takt angebende »bobre« besteht aus einer Saite, die über einen Holzbogen gespannt ist; als Resonanzkörper dienen ein hohler Kürbis oder eine Kokosnuss. Außerdem kommen Balafon (eine Art Xylophon), Triangel, Holzratsche und Akkordeon zum Einsatz. Beim Tanz treten beide Geschlechter gemeinsam auf und umwerben sich hüftschwingend im Takt der Musik. Die Frauen kleiden sich in weite, farbenfrohe Röcke und taillenfreie Blusen. Die Männer treten in knielangen Hosen und weitem Hemd auf. Eine ebenfalls aus Afrika stammende Variante der Séga ist die »moutia« mit klaren Rhythmen und erotischen Tanzbewegungen der Partner, die sich werbend zum Klang einer einzigen Trommel bewegen. Der Tanz beginnt mit langsamen Bewegungen und wird mit der Zeit immer schneller und suggestiver – mit viel Hüftschwung. Einen etwas melancholischen Einschlag hat die »maloya«, eine Musikrichtung, die aus den Klagegesängen der Sklaven entstand und bis heute als Symbol für Freiheitsliebe und Identität der Kreolen steht. Hierzu tanzt man langsamer und wie in Trance versetzt, oft ohne Partner. In der zeitgenössischen Séga werden moderne, elektronisch verstärkte Instrumente (z. B. Gitarre, Schlagzeug) eingesetzt. Die Texte handeln von aktuellen Themen wie Toleranz oder den Hoffnungen der Menschen. Derzeit besonders beliebt sind die Gruppen Lindigo, Tray, SOVE und Dezil' sowie die Sänger Chicco Martino, Jahkim, Philippe Toussaint, Travis Julienne, Alain Camille, Jean Marc Volcy, Patrick Victor und Brian Matombe und die Sängerinnen Sandra und Tania. Wieder andere Interpreten – darunter Mersener oder Extra Big – haben aus Séga und Reggae einen neuen Musikstil namens Séggae geschaffen, der sich großer Beliebtheit erfreut.

Schnorcheln auf La Digue (▶ S. 126): auf Tuchfühlung mit den Meeresbewohnern.

DIE SEYCHELLEN ERKUNDEN

DIE HAUPTINSEL MAHÉ UND DER STE. ANNE MARINE PARK

Den Besucher empfängt auf der Hauptinsel Mahé ein wahrer Garten Eden mit einsamen Buchten, blütenweißem Sand, türkisfarbenen Meeresfluten, exotischen Pflanzen und einem bunten Völkergemisch.

Von allen Seychellen-Inseln ist Mahé die schönste, größte und vielfältigste. Sie trumpft auf mit verträumten Buchten, exotischen Gärten, kreolischen Dörfern, dem einzigartigen Meeresnationalpark und der quirligen Hauptstadt Victoria. Für mehr als 90 % der Seychellen-Urlauber ist Mahé der erste Berührungspunkt mit dieser Inselnation. Internationale Flüge landen hier, Kreuzfahrschiffe docken an, und selbst Weltumsegler laufen die Hauptinsel als erstes an. Aus der Luft gesehen wirkt Mahé, die mit 27 km Länge und 3 bis 8 km Breite die größte der Seychelleninseln ist, weder stark bewohnt noch besonders groß, vor allem fallen die von dichtem Grün bewachsenen Granitberge auf, die in einer Nord-Süd-Achse das Rückgrat der Insel bilden, während nach Osten und Westen Landaus-

◄ Viele endemische Pflanzen- und Baumarten gedeihen in den Wäldern von Mahé.

Outer Islands und
Koralleninseln

La Digue
und Inner
Islands

Praslin

Die Haupt-
insel Mahé
und der
Ste. Anne
Marine Park

läufer wie Gliedmaßen ins Meer hinausragen und Buchten einschließen, deren türkisfarben schimmerndes Wasser im Licht der Sonne glitzert. Rund 70 000 Menschen wohnen auf der Insel, das sind fast 80 % der gesamten Landesbevölkerung. Mahé ist Regierungs- und Verwaltungssitz, hier befinden sich das größte Krankenhaus, die einzige Hochschule, Telekommunikationsservice, Sportstadien, Fernseh- und Rundfunkhäuser, außerdem haben alle größeren Unternehmen wie die Seybrew-Brauerei oder die Thunfischfabrik hier ihren Sitz.

NEUES LAND – DEM MEER ABGERUNGEN

Der internationale Flughafen, die Hauptstadt Victoria und auch der Hafen liegen alle im Osten der Insel. Hier wie auch entlang der gesamten Nord-Ost-Küste wurden Landgewinnungsmaßnahmen durchgeführt, um neues Siedlungsgebiet und Raum für Gewerbegebiete oder die vierspurige Autobahn, die sich zwischen Flughafen und Hauptstadt erstreckt, zu gewinnen. Eden Island, eine künstliche Insel, auf der auch Nicht-Seychellois Immobilien erwerben dürfen und wo luxuriöse Villen stehen, ist eine dieser dem Meer abgewonnenen Landstriche. Eden Island und Roche Caiman an der (neuen) Ostküste sind die modernsten Gegenden des Landes, hier gibt ein paar In-Bars, schicke Restaurants, Jachthäfen, Sportstadien, Shopping Center oder Bürogebäude. Touristen verirren sich jedoch seltener hierher, schließlich entspricht dieser Küstenabschnitt nicht unbedingt den romantischen Vorstellungen der Besucher.

Der natürlich gewachsene Teil Mahés hingegen zeigt sich vielseitig und wunderschön. Enge, kurvenreiche Straßen schlängeln sich dem Küstenverlauf folgend in den Süden oder führen durch die Berge, deren höchste Gipfel bis zu 905 m Höhe erreichen, in den Westen. Hier erlebt man die ursprüngliche Seite der Insel: Bunte kreolische Holzhäuser verstecken sich inmitten dichter Vegetation, Schulkinder in Uniform warten am

Straßenrand auf ihren Bus, kleine Lädchen, »boutiques«, decken den Bedarf der Bevölkerung an Lebensmitteln und Waren, deren Hauptnahrungsquelle bis heute ihr Garten bleibt. Zwischen den kleinen Ortschaften liegen unzählige, scheinbar unbeachtete Traumbuchten mit weißen Sandstränden, die von ausgebleichten Granitblöcken gesäumt werden. Ein Fotomotiv reiht sich ans nächste – oft wähnt man sich auf einem abgelegenen Fleckchen am Ende der Welt, nicht auf der Hauptinsel eines Landes. Dieses Gefühl ändert sich auch nicht beim Erreichen der Hauptstadt, Victoria.

DIE VERTRÄUMTE HAUPTSTADT

Das Städtchen wirkt eher verträumt und schnuckelig, als dass es sich als Hauptstadt einer Inselnation präsentiert! Mit seiner Gemütlichkeit und seinem traditionellen Charme reflektiert Victoria ziemlich genau das Gemüt der Bevölkerung des Landes, dessen Hauptstadt es ist: Hier wird nicht aufgetrumpft oder geprahlt, denn wahre Schönheit wirkt im Stillen, vor allem in der einzigartigen Naturschönheit dieses Landes.

Die Hauptstadt ist das kulturelle und administrative Zentrum des Inselstaates. Sie wurde 1778 von französischen Siedlern gegründet und von den Briten zu Ehren ihrer Königin auf den Namen »Victoria« getauft. Im Stadtzentrum spaziert man zwischen kreolischen Holzhäusern, Steinhäusern aus der Kolonialzeit und modernen Bauten umher, die engen Straßen waren offensichtlich nie für Autoverkehr vorgesehen. Es gibt mehrere Gotteshäuser: Kirchen, eine Moschee und einen Tempel, Museen, administrative Gebäude, Büros von Banken, Fluggesellschaften und Unternehmen der Tourismusbranche, ein Kino und Geschäfte.

FARBENFROHER MARKT

In den Gassen um den Markt herrscht ständig reges Treiben: Kleine Läden und Boutiquen bieten ein kunterbuntes Warensortiment an, für den Touristen ist jedoch nur in wenigen Geschäften etwas dabei. Nach 18 Uhr werden im Allgemeinen die Bürgersteige der Stadt hochgeklappt. Nur am Dockland-Komplex am Hafen, wo sich einige Bars und ein Casino befinden, sowie in den Bars The Pirates Arms und Rendez-vous (Independence Avenue) oder in der Barrel Bar (Revolution Avenue) ist noch etwas los. In diesen Szenetreffs mit ihren großen Terrassen kann man entspannt den Tag mit einem exotischen Cocktail ausklingen lassen bzw. in der Barrel Bar bis nach Mitternacht mit Matrosen aus aller Welt aufs gemeinsame Wohl anstoßen.

Wer Action sucht, wird sich vermutlich am Strand von **Beau Vallon** ⭐ wohlfühlen. Am breitesten und längsten Strandabschnitt Mahés herrscht vor allem am Wochenende reger Betrieb. Schon wenige Kilometer weiter nördlich wird es wieder ruhig: Kleine Villen träumen vor sich hin, einsame Buchten laden zum Bade- oder Fotostopp ein. Ein nicht zu missender Teil Mahés ist seine bis zu 905 m hoch ansteigende Bergwelt mit einer einzigartigen Pflanzenwelt. Bis zu Beginn des 21. Jh. hier die Residenz eines Scheichs aus den Emiraten gebaut werden durfte, gab es außer ein paar Teleskopen keinerlei Bauten im dichten Urwald. Von den Haarnadelkurven der vier die Insel durchquerenden Ost-West-Verbindungsstraßen eröffnen sich herrliche Blicke auf die Küste.

TEE UND VANILLE, ZIMT UND ZITRONENGRAS

Es ist feuchter und kühler in den Höhen Mahés, wo Tee und Zitronengras auf Hochflächen gedeihen und sich Vanillepflanzen im Schutz des Blätterdachs an den Stämmen der endemischen Baumarten hochranken. Es riecht nach Zimt und Zitronengras, feuchter Erde und frischer Meeresbrise. Hier lässt sich erahnen, wie die Insel auf ihre ersten Bewohner gewirkt haben muss: wie ein Garten Eden.

Wie eine Vanilleschote riecht, schmeckt und aussieht, weiß fast jeder. Die zarte sternförmige Blüte dieser Gewürzpflanze (▶ S. 69) hingegen kennen nur Wenige.

VICTORIA

D 2/3

Stadtplan ▶ S. 71

Ca. 23 000 Einwohner

SEHENSWERTES

1 Arul Mihu Navasakthi Vinayagar Temple

Vor allem das bunte, figurengeschmückte Gopuram, das Portaldach des hinduistischen Tempels, wird von den Besuchern aus aller Welt bewundert und fotografiert. Die 1992 fertiggestellte kleine Tempelanlage darf außerhalb von Zeremonien besichtigt werden, die Schuhe müssen allerdings ausgezogen und vor dem Eingang abgestellt werden.

Quincy St. | in der Regel Mo–So 10–12 und 17–21 Uhr

2 Botanischer Garten

Im hübschen, über 100 Jahre alten, parkähnlichen Garten am südlichen Ortsausgang von Victoria kann man viele der einheimischen Pflanzen, darunter einige »Coco de Mer«-Palmen, Exemplare der fünf anderen nur auf den Seychellen vorkommenden Palmenarten sowie viele eingeführte Nutz- und Zierpflanzen entdecken. Der Garten wurde 1901 von Rivaltz Dupont (aus Mauritius) gegründet. Er spiegelt das neuerweckte Interesse der Zeit an der Entwicklung der Kolonie, wozu u. a. die Einführung verschiedener tropischer Pflanzen gehörte, deren Ansiedlung hier zunächst geprüft wurde. Die ungefähr 200 Pflanzen des Parks sind heute größtenteils ausgewachsen, vor allem da Bäume und Sträucher im feuchtwarmen, regenreichen Klima der Seychellen sehr schnell und ausgiebig wachsen.

Der Garten beinhaltet in verschiedenen thematischen Bereichen u. a. eine beeindruckende Sammlung von tropischen Palmen sowie von über 150 Orchideenarten. Hier können auch besonders schöne Fotos von frei stehenden »Coco der Mer«-Palmen gemacht werden. Alle sechs endemischen Palmen der Seychellen sind hier zu sehen sowie einige seltene eingeführte Pflanzenarten, wie z. B. die Zwerg-Flaschen-Palme (»dwarf bottle palm«), die nur auf der kleinen Insel Round Island bei Mauritius gefunden wird, die Talipot Palme aus Sri Lanka, der Kanonenkugel-Baum (»cannonball tree«), dessen Riesenblüten gleich am Stamm entstehen und dessen braune Früchte wie Kanonenkugeln aussehen, der madegassische Flammenbaum, der malaysische Brotfruchtbaum, der Muskatnussbaum, dessen begehrte Nuss in einer aprikosenähnlichen Frucht steckt, sowie weitere exotische, seltene Gewächse. Sehenswert ist auch das Schildkrötengehege. Es lohnt sich, sich über die Vielfalt der einheimischen und eingeführten Flora zu informieren, ein wenig im Schatten der Bäume zu verweilen und Ruhe vom quirligen Treiben der Stadt zu finden.

Mont Fleuri Rd. | Tel. 4 67 05 37 | tgl. 8–17 Uhr | Eintritt 100 SCR, Kinder frei

3 Cathédrale de l'Immaculée Conception

Die ursprünglich 1892 erbaute und in den 1990er-Jahren neu gestaltete katholische Kirche, das größte Gotteshaus der Seychellen, liegt am nördlichen Stadtrand, oberhalb der Maradan Street. Eine breite Treppe führt zum Eingang der Kathedrale der unbefleck-

Cathédrale de l' Immaculée Conception

National Archives, Anse Etoile

Bélonie

Moosa
Capuchin
House

Castor
Street

B

Palm Street

Victoria
Helistop

a

b

c

La Bourdonnais St.

Hangard Street

Sir Selwyn
Clarke Market

5

Albert St.

5th June Avenue

Le Promenade

Flamboyant Ave.

Inner-Island
Ferry Departures

1

1

Lodge St.

Market St.

Arul Mihu Nava-
sakthi Vinayagar
Temple

Quincy St.

Benezet St.

Manglier St.

Seychelles
National
Post Museum

Kingsgate
Hse

Grand
Trianon

Revolution Ave.

11

St. Paul's
Cathedral

5

9

Bicent. Mon.

Beau Vallon

St. Louis

Sans Souci Rd.

Clock Tower

4

Victoria
House

12

Pierre Poivre

13

Independence Avenue

Independence
House

i

Ile Hodoul

†††

Bel Air
Cemetery

State
House

6

Francis Rachel St.

14

Stade
Populaire

Bel Air

16

10

State Hous

5th June Avenue

Jacht Club

Inner
Harbour

2

2

Liberation Ave.

National Cultural
Centre

8

Zoom Lib

Le Chantier

Jardin des
Enfants

Sans Souci Rd.

Kenwyn House

15

Boating Lake

Lotonier Road

Sans Souci Rd.

N

Trois Frères

Bel Eau

National
House

Bois de Rose Ave.

Canal

3

0

450 m

Botanischer
Garten

2

Government
Office

Maison
Queau de
Quincy

Mont Fleuri Road

3

Victoria

© MERIAN-Kartographie

Mont Fleuri

Seychelles Int. Airport,
Anse Royale

b

c

ten Empfängnis, das Portal steht meistens offen. Von hier bietet sich dem Besucher ein schöner Blick auf Victoria. Auffällig ist der linkerhand liegende Wohnkomplex für Priester und kirchliche Mitarbeiter, der den schönen Namen La Domus trägt. Das beeindruckende Gebäude wurde 1934 von Schweizer Missionaren errichtet und thront seitdem inmitten eines parkähnlichen Gartens. Eindrucksvoll ist der Besuch einer Messe (an Wochentagen tgl. um 6, Sa um 17, So um 7 und 9 Uhr).

Maradan St. | Besichtigung tgl. | Eintritt frei

4 Clock Tower

Im Zentrum Victorias steht der 1903 zu Ehren von Queen Victoria aufgestellte Uhrenturm, der wie eine Miniaturversion des Big Ben in London anmutet und auch als »Little Big Ben« bezeichnet wird. Tatsächlich orientiert er sich an einem anderen Londoner Uhrenturm, der an der Kreuzung Victoria Street/Vauxhall Bridge Road steht. Auf dem Kreisverkehr rund um den Turm, der stündlich gleich zweimal schlägt, staut sich morgens und nachmittags gelegentlich der Verkehr.

Ecke Albert St./Sir Francis Rachel St. und Independence Ave.

Denkmäler

Zu Zeiten der sozialistischen Regierung wurden einige beeindruckende Statuen und Bauwerke an markanten Orten und Straßenkreuzungen errichtet, die an glorreiche Momente aus der Geschichte der Seychellen erinnern. Der Zom' Lib (Der freie Mann) in der 5th June Avenue sprengt seine Ketten der Sklaverei und Abhängigkeit und erinnert an den Staatsstreich von 1977, kurz nachdem die Seychellen von Großbritannien in die Unabhängigkeit entlassen wurden. Das dreiflügelige Bicentennial Monument auf dem Freedom Square, dem Kreisverkehr in der Independence/5th June Avenue, wurde 1978 zum 200. Jahrestag des Bestehens der Hauptstadt aufgestellt. Am Kreisel am Ende der Sir Francis Rachel Street erinnert ein Flugzeugmodell an die ersten Flugverbindungen in der 1970er-Jahren sowie an den Bau des ersten Flughafens auf den Seychellen, der 1972 fertiggestellt wurde.

– Zonm Lib: 5th June Ave   🏝 C 2
– Bicentennial Monument: Freedom
Square   🏝 C 1/2
– Flugzeugmodell: Sir Francis
Rachel St.   🏝 C 2/3

Kreolische Gebäude und Kolonialarchitektur

Einige Beispiele kreolischer und kolonialer Baukunst (▶ Im Fokus, S. 124) können in der Hauptstadt bewundert werden: Südlich des Stadtzentrums, schräg gegenüber vom Eingangstor des Botanischen Gartens, fallen die schmucken Gebäude des Außenministeriums (Maison Queau de Quincy) ins Auge, die im traditionellen kreolischen Stil errichtet wurden. Ein ebenso schönes,

aber älteres Beispiel kreolischer Baukunst ist das Krankenhaus, das nur wenige Meter südlich des Gartens liegt. Im Stadtzentrum wurden in der Sir Francis Rachel Street das Cable & Wireless House der örtlichen Telefongesellschaft sowie das Kenwyn House aufwendig renoviert. Neben dem Victoria House und den weiteren Gebäuden, in denen sich bis vor ein paar Jahren das Gericht befand, fallen mitten im Stadtzentrum die aus Stein erbaute Hauptpost, das Seychelles National Museum und die Police Station auf, allesamt imposante Beispiele von steinernen Kolonialbauten.

⑤ St. Paul's Cathedral

Das größte anglikanische Gotteshaus der Seychellen steht im Zentrum von Victoria gegenüber dem Uhrenturm. Es wurde 1859 vom damaligen Bischof von Mauritius geweiht und Anfang des 21. Jh. renoviert.

Revolution Ave. | tgl. Gottesdienste, die Zeiten hängen aus | Eintritt frei

⑥ State House

Die ehemalige Residenz der einstigen britischen Gouverneure wurde 1913 unter Sir W. E. Davidson errichtet und beherbergt seit den 1970er-Jahren Regierungsbüros. Das zweistöckige Haus wird von einer von Säulen getragenen Veranda umgeben und ist leider nicht zu besichtigen. Vom verschlossenen Eingangstor kann man zwar in den Garten blicken, das Haus aber kaum erkennen. Auf dem Gelände wurden auch viele Staatsoberhäupter der Seychellen beerdigt.

Poudrière Lane | Besichtigung nur von außen möglich

7 Victoria House

Das wunderschöne Holzgebäude sowie seine Nebengebäude stehen auf zwei Seiten schräg gegenüber vom Clock Tower (Uhrturm) und beherbergten bis vor wenigen Jahren den Obersten Gerichtshof der Seychellen mit dem High Court und Supreme Court in mehreren historischen Kolonialhäusern. Davor blickt der französische Botaniker, Aufklärer und Inselverwalter Pierre Poivre (1719-1786) von einer Büste herab. Der kleine Park um das Ensemble kann betreten werden und bietet ein paar schöne schattige Plätzchen. Händler bauen an der Straße Stände auf, an denen sie allerlei kunterbunte Souvenirs verkaufen.

Ecke Independence Ave./Sir Francis Rachel St., Besichtigung leider nur von außen möglich

MUSEEN UND GALERIEN

8 National Cultural Centre, Archives and Library

Das moderne, 1994 errichtete Gebäude beherbergt eine Bibliothek mit umfangreicher Literatur zu allen Aspekten der Insel, das Nationalarchiv sowie sehenswerte Kunstausstellungen. Das Foyer sowie der klimatisierte Leseraum sind öffentlich zugänglich. Großer Garten mit Heilpflanzen und tropischem Baumbestand.

Ecke Francis Rachel St./5th June Ave. | Tel. 4 32 13 33 | Mo–Fr 8.30–15.30, Sa 8.30–12 Uhr | Eintritt frei

9 Seychelles National Museum

Neben der Hauptpost beherbergt das Carnegie-Gebäude von 1909 dieses kleine Museum mit Repliken, Bildern und ausgestopften Exemplaren von

In der Nationalbibliothek (▶ S. 73) in der Hauptstadt Victoria kann man sich einen guten geschichtlichen Überblick über Land und Leute verschaffen.

Tieren und Pflanzen der Region. Zur traditionell gestalteten Ausstellung gehören auch Schiffsmodelle von Segelbooten, mit denen die ersten Siedler auf den Seychellen eintrafen, sowie der »pierre de possession«, der 1756 zur Inbesitznahme der Insel von den Franzosen aufgestellt wurde. Bei Probebohrungen nach Öl wurde 1981 ein Granitblock sichergestellt, dessen Gestein beweist, dass die Seychellen und das Plateau, auf dem die Inseln liegen, zu den ältesten, je auf der Erde gefundenen Erdformationen gehören. Der hier ausgestellte, ca. 180 Millionen Jahre alte, harte Granitstein, stützt die Theorie, dass es sich bei den Inseln historisch gesehen um Abbruchteile von Gondwanaland handelt.

Independence Ave. | Mo–Sa 8–16 Uhr | Eintritt frei

ÜBERNACHTEN

Es gibt in Victoria keine Hotels, so wie sie andere Hauptstädte bieten, sondern nur einige preiswerte und einfache Gästehäuser, die jedoch einen herzlichen Empfang bieten und sich zum Teil in herrlicher Höhen- und Aussichtslage befinden.

🔟 Hotel und Restaurant Bel Air

Schattiger Garten mit Ausblick – Traditionsreiches, inhabergeführtes kleines Hotel in Höhenlage oberhalb der Stadt inmitten eines hübschen Gartens. Die freundlichen Gästezimmer wurden 2013 renoviert, die Preise sind für die Seychellen recht moderat. Die Aussicht auf Victoria und die Inseln des Ste. Anne Marine Parks ist atemberaubend, die Küche des Restaurants, in dem traditionelle kreolische Küche

Das koloniale Erbe des Restaurants Marie-Antoinette (▶ S. 29) in Victoria spiegelt sich in der Architektur wider, das Kreolische dominiert auf der Speisekarte.

vom Feinsten zubereitet wird, ist auch bei Einheimischen sehr beliebt und lohnt einen Umweg.

Bel Air Rd. | Tel. 4 22 44 16 | www. seychelles.net/belair | 7 Zimmer | €€

ESSEN UND TRINKEN

RESTAURANTS

11 Kaz Zanana – Pink Salt

Stilvolles Holzhaus – In den kühlen Räumen dieses Restaurants mit Kunstgalerie kann man sich entspannen, einen Tee oder Kaffee oder einen kühlen Drink einnehmen und dabei die bunten Bilder und zahlreichen anderen Kunstgegenstände auf sich wirken lassen. Das Essen ist sehr empfehlenswert, mittags werden vom australischen Koch internationale und kreolische Spezialitäten aufgetischt. Allein die Atmosphäre, die in diesem wunderschönen kreolischen Holzhaus und auf der luftigen Außenterrasse herrscht, ist einen Besuch wert.

Revolution Ave. | Tel. 4 32 41 50 | Mo–Sa 9–16.30 Uhr, Mittagstisch | €€€

Konoba D 3

Stylish – Modern eingerichtetes Lounge-Restaurant mit Terrasse in Küstenlage zwischen der Hauptstadt und dem internationalen Flughafen. Internationale Küche, gute Weinkarte, Frühstück, am Wochenende gibt's oft Livemusik. Bei Einheimischen, Touristen und Geschäftsreisenden gleichermaßen ein beliebtes Ziel!

🕐 Freitags und samstags treffen sich hier die Einheimischen ab 17 Uhr zu einer inoffiziellen After-Work-Party, bei Drinks, Musik und guter Stimmung.

Roche Caiman | Tel. 4 24 54 00 | tgl. mittags und abends | €€€

Marie-Antoinette Restaurant

▶ S. 29

12 Le Rendez-vous

Afrikanischer Einfluss – Zentral gelegenes, mit farbenfrohem Kunsthandwerk dekoriertes In-Restaurant und Lounge im Herzen der Hauptstadt am Clock Tower. Hier werden kreolische und internationale Gerichte serviert. Kleine Terrasse mit Blick auf den Uhrturm am belebten Kreisverkehr.

Ecke Francis Rachel St./State House Ave. | Tel. 4 32 35 56 | Mo–Sa 9–13 Uhr | €€

BARS

13 The Pirates Arms

Seit Jahren ein Szenetreff im Herzen von Mahé: gut besucht bis spät in die Nacht. Es gibt Snacks, Sandwichs, kleinere Gerichte, Kaffee und Cocktails zu vernünftigen Preisen. Einarmige Banditen locken zum Glücksspiel.

Adam Moussa Building, Independence Ave. | Tel. 4 22 50 01 | Mo–So 9–24 Uhr | €

EINKAUFEN

14 Esplanade Fiennes

An der Francis Rachel Street, auf Höhe des Stadions, stehen im nördlichen Abschnitt eine Reihe kleiner Verkaufshäuschen im kreolischen Stil. In diesem Straßenstück, das nach dem britischen Politiker Eustace Fiennes benannt ist, kann man kostengünstig Souvenirs wie auch Kleidungsstücke oder Hüte erstehen. Die Auswahl ist groß, das Angebot kunterbunt.

Francis Rachel St. | tgl. 8.30–17 Uhr

15 Kenwyn House ▶ S. 40

⭐ Sir Selwyn Selwyn Clarke Markt
▶ S. 71, b 1

Schon ab den frühen Morgenstunden tummeln sich die Menschen auf dem 1840 erbauten Marktareal und in den umliegenden Gassen. Seinen Namen erhielt der Markt im Gedenken an den geadelten britischen Gouverneur Sir Selwyn Selwyn Clarke (1947–1951). An zahlreichen Ständen bieten Händler pralle Bonitos, bunte Papageienfische, Segelfischexemplare von beeindruckender Größe und viele exotische Arten an. Nicht weniger farbenfroh präsentieren sich die Gemüsetische, wo sich Bananen aller Größen und Formen türmen, reife Mangos ein süßes Aroma ausströmen und goldgelbe Ananas anmuten, als ob sie die Sonne in sich aufgesaugt hätten. Hier wird einem für alle Zeiten der Sinn für nachgereifte Kühlware verdorben. Aromen wohlriechender Essenzen ziehen vorbei, der Duft von Gewürzen liegt in der Luft; kaum jemand kann ihnen widerstehen, auch wenn die Preise für Zimtstangen, Muskatnüsse, Vanilleschoten, Tamarinden, Sternanis, Gelbwurz- und Currypulver im wahrsten Sinne des Wortes gepfeffert sind.

Ab dem Nachmittag leeren sich jedoch die Stände und Hallen, ein Besuch am Morgen oder Vormittag ist also empfehlenswert. Im ersten Stock liegt eine Art Galerie, von der aus man das Marktgeschehen von oben betrachten kann. Hier bieten Souvenirläden und Kunsthandwerkerstände ihre Waren an. Hier gibt es auch ein Café, in dem man gut frühstücken oder mittags einen Snack einnehmen und dabei das Treiben an den Marktständen betrachten kann.

🕐 Mittags werden auf der Galerie, die rund um den Markt in Victoria gebaut ist, kleine kreolische Gerichte zu günstigen Preisen angeboten.
Market St. | tgl. 5.30–18 Uhr

16 Thoughts Stained Glass Studio
▶ S. 41

SERVICE

AUSKUNFT
STB
Informationen zu Bussen und Fähren erteilt das Fremdenverkehrsamt.
Independence House, Independence Ave. | Tel. 4 62 00 00 oder 4 61 08 00 | Mo–Fr 8–16.30, Sa 9–12 Uhr

VERKEHR
Der Busbahnhof liegt in der Palm Street, von hier aus starten zwischen 6 und 18 Uhr (teilweise auch bis 20 Uhr) Busse in alle Ortschaften der Insel. Eine Fahrkarte kostet zwischen 5 und 10 SCR.
Fähren nach Praslin und La Digue starten am Inter Island Quay, wo auch das kleine Fishtail Restaurant preiswerte Mahlzeiten und Snacks anbietet. Bootstouren auf andere Inseln und Ausflugsfahrten beginnen am Marine Charter direkt an der 5th June Avenue. Kreuzfahrtschiffe und Hochseeboote ankern am New Pier im Hafen, an einem der vielen Piers von Eden Island oder am The Wharf Hotel (▶ S. 98) südlich der Hauptstadt.
Taxistände befinden sich in der Independence Avenue vor der Barclays Bank sowie nahe dem Clock Tower in der Albert Street. Ein Taxi vom Stadtzentrum zum Flughafen kostet ca. 250 SCR (etwa 16 €).

Ziele in der Umgebung

◎ BEL AIR ▶ S. 71, a 2

Eine kurvenreiche Straße führt in den am Berg gelegenen Ortsteil Bel Air, wo man eine herrliche Aussicht auf Victoria und die umliegende Küste hat. Hier oben befindet sich auch ein kleines Hotel mit sehr gutem Restaurant, einer wunderschönen Gartenlandschaft und Terrasse mit Blick auf Victoria.

3 km südl. des Zentrums von Victoria

◎ LES TROIS FRÈRES D 3

Vom Gipfel des Aussichtsberges, der sich über Victoria erhebt, eröffnet sich ein atemberaubender Blick auf die Hauptstadt sowie die sieben Eilande des Ste. Anne Marine Parks, die Insel Anonyme und die Ostküste bis unterhalb des Flughafens. Der Wanderweg startet im Ortsteil Sans Soucis und

führt größtenteils durch den Morne Seychellois Nationalpark mit seiner faszinierenden Tier- und Pflanzenvielfalt. Hier wachsen u. a. viele der seltenen fleischfressenden Kannenpflanzen (»pitcher plants«) in Büscheln in Gesteinsritzen. Auch die wunderschönen Flugkünstler, die Tropikschwanzvögel »Paille-en-Queue«, weiße Vögel mit

Wandern auf Mahé

Von den Gipfeln Mahés kann man bei gutem Wetter die ganze Insel und die in weiterer Ferne liegenden Eilande sehen. Trotz der etwas kühleren Höhenlage und der regenwaldähnlichen Vegetation gerät man leicht ins Schwitzen, aber die Anstrengung lohnt sich (▶ S. 12)!

Alles, was Boden und Meer hergeben – tropische Früchte und Gemüse, exotische Fische –, wird auf dem Sir Selwyn Selwyn Clarke Market (▶ MERIAN TopTen, S. 76) feilgeboten.

langen Schwänzen nisten hier. Sie ziehen regelmäßig ihre Runden über die felsigen Abhänge und lassen sich prima beobachten.

Der Weg wird relativ selten begangen, denn er ist etwas länger und anstrengender als die anderen bekannten Bergtouren auf Mahé. Trittsicherheit, gutes Schuhwerk mit griffigem Profil sowie ausreichend Trinkwasser, Sonnen- und Mückenschutz sind hier unabdingbar. Die Tour beginnt an der Sans Soucis Road (ein Wegweiser markiert den Wegbeginn), dort biegt man aus Victoria kommend nach rechts ab. Sie verläuft zunächst auf einer recht breiten Forststraße, die an einem Aussichtspunkt endet. Ab hier geht es über einen schmalen Pfad bergauf, der mit der Zeit immer steiler (und vor allem bei Feuchtigkeit auch rutschiger) wird und zu einer Passhöhe führt, die nach etwa 1 Std. Gehzeit erreicht ist. Hier weist ein Wegweiser den Pfad zum Örtchen Le Niol aus, der alternativ für den Rückweg benutzt werden kann (Gehzeit ca. 1,5 Std., der Weg ist teilweise recht zugewachsen und schlecht markiert!). Um zum auf 699 m Höhe gelegenen Gipfel der Les Trois Frères zu gelangen, wendet man sich nach rechts und folgt dem schmalen Pfad zum Fuß der Drei-Brüder-Felsen. Hier bietet sich ein traumhafter Ausblick auf Hauptstadt und Küste. Wagemutige können auch versuchen, zum Gipfelkreuz hinaufzuklettern. Der Rückweg erfolgt über den gleichen Weg oder alternativ über Le Niol, zur Le Niol Road, von wo auch bis ca. 17 Uhr Busse zurück nach Victoria fahren.

Länge: 2,5 km bis zum Gipfel, Gehzeit: hin und zurück 2–3 Std.

DIE BUCHT VON BEAU VALLON UND DER NORDEN C 2–D 1

Nachteulen und Aktivurlauber fühlen sich in den Hotels rund um die Bucht von Beau Vallon besonders wohl. Am 3 km langen, feinsandigen Strand **Beau Vallon Beach** ⭐ ist immer etwas los, ohne dass er überfüllt wirkt. Der breite Traumstrand, das umfangreiche Angebot an Wassersportarten sowie die Nähe zur Hauptstadt machen diese Küste zum beliebtesten Urlaubsgebiet auf Mahé. Auch die Einheimischen schätzen diesen Strand, der von Victoria aus gut erreichbar ist und an dem man sich ohne Autolärm sonnen kann. Meist schwappen die Wellen ruhig und strömungsfrei an den Sand, während des Nordwestmonsuns (Dez.–März) kann die Brandung allerdings stärker werden und es Spaß machen, in den Wellen zu toben. Am Wochenende finden viele Familienpicknicks statt, die Kleinen bauen Sandburgen, und im Schatten von Takamaka-Bäumen wird gegrillt und getanzt.

Einige Hotels und Gästehäuser ziehen seit Jahrzehnten Scharen von Besuchern an, es wird jedoch zunehmend

Sonnenuntergang im Nordwesten Mahés

Wenn die Sonne hinter den Inseln Silhouette und North im Meer versinkt, verwandelt sich der Himmel in eine Leinwand voller leuchtender Farben. Eine magische Stunde, die man stilvoll an der Bar des Luxushotels Hilton Seychelles Northolme zelebrieren kann (▶ S. 13).

Am Strand von Beau Vallon (▶ MERIAN TopTen, S. 78) rührt sich immer etwas, besonders am Wochenende: Dann wird hier gegrillt, gepicknickt, gescherzt, musiziert und getanzt.

enger in der Bucht, denn zwei große, neue Hotelanlagen werden 2014 unmittelbar hinter dem Strand fertiggestellt. Nirgendwo sonst hat man eine so große Auswahl an Wassersportarten (mehrere Tauchschulen haben hier ihren Sitz, Parasailing und Banana-Boat-Fahrten werden angeboten), Restaurants, Bars und Cafés. Romantisch wird es allabendlich, wenn der glutrote Sonnenball südlich der etwa 18 km entfernten Insel Silhouette versinkt. Viele genießen das Schauspiel bei einem Drink an der belebten Bar des Coral Strand Hotels, auf der Terrasse des Strandlokals im Berjaya Hotel oder in der schönen Lobby des luxuriösen Fisherman's Cove Hotels. Verschiedene private Anbieter spazieren am Strand entlang und bieten Ausflüge, Wassersportaktivitäten oder Angeltouren an. Gäste, die im untouristischeren Nachbarort Bel Ombre untergebracht sind, kommen meist zum Baden hierher, da es in Bel Ombre kaum Strände gibt. In Richtung Norden wird es ruhiger, hier liegen einige sehr schöne Hotels an kleinen, abgelegenen Sandbuchten, wo sich auch tolle Schnorchelgründe verbergen. Zusätzliche Infrastruktur fehlt am Nordzipfel Mahés: Zum Einkaufen müssen Ausflüge nach Beau Vallon oder Victoria eingeplant werden.

ÜBERNACHTEN

Augerine Small Hotel C2

Kreolisches Flair – Inhabergeführtes, kleines Hotel in Toplage direkt am berühmten Strand. Sehr schöne Zimmer und Suiten mit Meer- und Gartenblick, kleines Restaurant mit exquisiter Küche, in dem auf Vorbestellung kreolische Küche serviert wird.
Beau Vallon | Tel. 4 24 72 57 | www.augerinehotel.com | 14 Zimmer | ♿ | €€

Berjaya Beau Vallon Bay Beach Resort & Casino C2

Direkt am Strand – Seit den 1980er-Jahren zieht dieses lebhafte Hotel an der Bucht von Beau Vallon Besucher aus allen Ländern an. Es wurde zuletzt 2011 renoviert. Die Zimmer im Hauptgebäude haben zum Teil Balkon, aber keinen Meerblick, etwas schöner sind die Räume in den Gartenchalets. Mehrere Restaurants, Spielcasino, großer, neuer Pool, Massagesalon, Spielplatz, Schildkrötengehege. Die hoteleigene PADI-Tauchschule bietet »stay & dive«-Pauschalangebote zu attraktiven Preisen an und betreut auch Nicht-Hotelgäste. Täglich kostenloser Bus-Shuttle nach Victoria.
Beau Vallon | Tel. 4 28 72 87 | www.berjayahotel.com | 232 Zimmer | €€€€

Clef des Îles ▶ S. 24

Coco d'Or Hotel C2

Sauber und gepflegt – Kleines Mittelklassehotel an der Zufahrtsstraße zum Strand. Die klimatisierten Zimmer liegen in mehrstöckigen Gebäuden ruhig um einen Pool. Alle sind mit Kühlschrank, Telefon und viele auch mit Fernseher ausgestattet. Ein Restaurant bietet kreolische und internationale Küche.
Beau Vallon | Tel. 4 24 73 31 | www.cocodor.sc | 27 Zimmer | €€

Coral Strand Smart Choice Hotel C2

Immer was los! – Lebhaftes, kleines Strandhotel mit einer beliebten, gut besuchten Beach Bar und regelmäßigem Abendprogramm. Familien mit Kindern sind hier willkommen. Alle Zimmer verfügen über Balkon und Meerblick. Sie gruppieren sich um den kleinen Pool, sind frisch renoviert und nur wenige Meter vom Strand entfernt, sodass man bei Meeresrauschen einschlafen kann. Zum Hotel gehören zwei gute Restaurants und ein Shop. Und am berühmten Strand von Beau Vallon wartet ein umfangreiches Wassersport-Angebot.
Beau Vallon | Tel. 4 29 10 00 | www.coralstrand.com | 130 Zimmer | €€

Hanneman Holiday Residence C2

Rundumservice – Von Deutschen geführtes Haus mit sieben Selbstversorger-Appartements etwas oberhalb von Beau Vallon, in Fußnähe zum Strand. Die gepflegten und gut ausgestatteten Wohnungen liegen in einer üppigen Gartenlandschaft mit Pool. Sehr gute Ausstattung und Betreuung (u. a. Vermittlung von Mietwagen). Einkaufsmöglichkeiten und Restaurants befinden sich in der Nähe. Reichhaltiges Frühstück am Pool.

Beau Vallon, Nouvelle Vallée | Tel.
4 42 50 00 | www.hanneman-seychelles.
com | 7 Appartements | €€

Hilton Seychelles Northolme 🐚 C1

Paradiesisches Hideaway – Wenn der Sonnenball hinter den Umrissen der in der Ferne liegenden Inseln Silhouette und North im Meer versinkt, verwandelt sich der Himmel in eine Leinwand mit einem wunderschönen, von Minute zu Minute wechselnden Bild. Leuchtende Farben, scharfe Konturen – die magische Stunde lässt sich romantisch und stilvoll zugleich an der Bar dieses Traumresorts zelebrieren. Und warum diesen herrlichen Ort nicht verbinden mit Gourmetfreuden in den Restaurants, Sonntagsbrunch mit Ozeanblick, Schnorcheln zwischen Felsen oder Verwöhnprogramm im Spa? Aus den mit allem nur erdenklichen Komfort ausgestatteten Zimmern genießt man einen herrlichen Meerblick. Erstklassiger Service. Kinder unter zwölf Jahren sind nicht erwünscht.

Glacis, P.O. Box 333 | Tel. 4 29 90 00 | www.hilton.com | 39 Zimmer | €€€€

Le Meridien Fisherman's Cove 🐚 C2

Suiten mit Aussicht – Traditionsreiches, wunderschön renoviertes Luxushotel in einmaliger leichter Hanglage am Südende des Beau Vallon-Strandes. Stilvolle Räume, Wellness- und Massagezentrum, toller Swimmingpool, zwei Restaurants, Tennis, Kids Club und natürlich direkter Strandzugang. Herrlicher Blick über die Bucht sowie auf die Inseln Silhouette und North.

🕐 Von der Lobby des Meridien Fisherman's Cove Hotels bietet sich bei Son-

Tolle Lage, attraktive Ausstattung, makelloser Service: Das Hilton Seychelles Northholme (▶ S. 81) im Nordwesten Mahés wartet mit vielen Pluspunkten auf.

nenuntergang ein atemberaubender Blick über die Bucht von Beau Vallon.
Bel Ombre | Tel. 4 67 70 00 | www.le meridienfishermanscove.com | 68 Zimmer und Suiten | €€€€

Romance Bungalows C2

Für Preisbewusste – Praktische Bungalows mit kleiner integrierter Küche für Selbstversorger. Die Häuschen liegen in einem Garten jenseits der Küstenstraße. Frühstück und Abendessen sind auf Wunsch erhältlich, bis zum Strand sind es nur wenige Meter.
Beau Vallon | Tel. 4 24 77 32 | www. romance-bungalows.com | 6 Bungalows | €€

Savoy Hotel C2

Nagelneue Anlage – Im Frühjahr 2014 eröffnete, große Luxusanlage direkt am Strand von Beau Vallon mit exklusiven Zimmern und gutem Service. Das sehr modern gestaltete Hotel bietet alle nur erdenklichen Annehmlichkeiten. Riesiger Swimmingpool, Tennisplätze, Spa, Gym, Abendunterhaltung und ein Kids Club. Die beiden Restaurants widmen sich den Gaumenfreuden, die Bar kredenzt raffinierte Cocktails.
Beau Vallon | Tel. 2 61 01 61 | www.savoy. sc | 163 Zimmer | ♿ | €€€€

Sun Resort C2

Zentral – Freundliches Mittelklassehotel unweit des Strandes mit kleinem Pool. Saubere, teilweise etwas dunkle Unterkünfte mit Klimaanlage verteilen sich in einem kleinen Garten. Restaurant mit kreolischer Küche und Imbiss.
Beau Vallon | Tel. 4 28 55 55 | www. sunresort.sc | 20 Zimmer | €€

Als Abwechslung zur kreolischen Küche bietet sich ein Besuch im Restaurant Mahek (▶ S. 83) in Beau Vallon an – ohne Zweifel: der beste Inder weit und breit.

ESSEN UND TRINKEN

RESTAURANTS

Baobab Pizzeria C 2

Eine Institution – Preiswerte Pizzeria mit entspannter Atmosphäre am Nordende des Strandes mit tollem Blick über die Bucht. Der Service ist zwar miserabel, doch das stört keinen, denn die Pizzen sind ausgezeichnet, günstig und immer frisch zubereitet.
Beau Vallon | Tel. 4 24 71 67 | Mi–Mo mittags und abends | €

The Boathouse C 2

All-you-can-eat-Buffet – Beliebtes, immer gut besuchtes Restaurant mit kreolischem Buffet zu familienfreundlichen Preisen. Große Auswahl an Salaten, frischem Fisch und Beilagen, das Angebot ist allerdings täglich mehr oder weniger dasselbe.
Beau Vallon | Tel. 4 24 78 98 | Di–So mittags und abends, Reservierung empfehlenswert | €€

Mahek C 2

Der beste Inder – Das indische Restaurant des Coral Strand Hotels ist sehr empfehlenswert. Es bietet authentische Currys, Kebabs, Birjanis und Tandoori-Gerichte zu ausgesprochen fairen Preisen an. Der Service stimmt, das Ambiente ist einladend.
Beau Vallon | Tel. 4 29 10 00 | Mi–Mo, Reservierung empfohlen | €€

La Perle Noire C 2

Bella Italia lässt grüßen – Italienisches Spezialitätenrestaurant mit einer großen Auswahl an frisch zubereiteten Speisen.
Beau Vallon | Tel. 4 24 70 46 | Mo–Sa, nur Abendtisch | €€€

La Plage Bar & Restaurant C 2

Meerblick inklusive – Direkt am Strand gelegenes, schickes Restaurant mit hübscher Terrasse. Fischspezialitäten, kreolische und italienische Küche, Cocktails, Eisbecher und Crêpes in schönem Ambiente. Freitag- und Samstagabends gibt es oft Livemusik.
Beau Vallon | Tel. 62 02 40 | tgl. durchgehend ab 12 Uhr | €€€

Abendspaziergang in Beau Vallon **3**

Beau Vallon ist der größte Strand Mahés, und doch ist es hier nie überfüllt. Einheimische picknicken unter schattigen Takamaka-Bäumen, hier und da wird gegrillt oder auch mal spontan eine Séga getanzt, in der Bucht dümpeln Bötchen malerisch vor sich hin (▶ S. 13).

La Scala C 2

Stilvoll dinieren – Das Feinschmeckerrestaurant gilt als Adresse für gehobene Ansprüche. Neben Spezialitäten aus Italien und dem Tessin serviert die Küche kreolische Gerichte. Der Fisch ist perfekt zubereitet, die Weine sorgsam ausgewählt, die Preise angemessen.
Bel Ombre | Tel. 4 24 75 35 | Reservierung empfohlen, Mo–Sa, nur Abendtisch bis 21.30 Uhr | €€€

BARS UND NACHTKLUBS

La Faya Bar C 2

Chill- und Hang Out Bar mit großem Getränkeangebot und lokalem Publikum.
Bel Ombre | Mi, Fr, Sa ab 22 Uhr bis zum letzten Gast | Eintritt frei

The Tequila Boom Diskothek 🐚⚓ C 2

Nachtklub und Diskothek, die gerne von Einheimischen besucht wird. Hier ist ab 22 Uhr viel los, bis in die frühen Morgenstunden wird zu der von einheimischen DJs aufgelegten Musik aus aller Welt getanzt. Verschiedene Themenabende nach Aushang.

Bel Ombre | Mi, Fr, Sa 22–5 Uhr | Eintritt variabel

EINKAUFEN

Mittwochsmarkt in Beau Vallon

▶ S. 40

AKTIVITÄTEN

Anse Major-Küstenwanderung

🐚⚓ B 2/3

Die schöne Wanderung beginnt im Ortsteil Danzil von Bel Ombre und führt entlang der felsigen Nordwestküste Mahés zum abgelegenen Strand der Anse Major und auf dem gleichen Weg zurück. Der Ausgangspunkt ist sowohl mit dem Auto als auch mit dem Bus (Endhaltestelle Bel Ombre) leicht zu erreichen. Man befindet sich im Morne Seychellois Nationalpark und erhält interessante Einblicke in die Vegetation der kargen Felsenlandschaft. Der Rundweg (2,6 km, 1 Std.) verläuft ohne große Steigungen, streckenweise über typische Felshänge (Glacis) in der prallen Sonne, bietet aber atemberaubende Blicke auf die Küstenlinie sowie auf die Inseln Silhouette und North. Festes Schuhwerk und Trittsicherheit sind nötig. Zur Belohnung lädt der einsame Strand der Anse Major zu einem erfrischenden Bad ein. Beim Schnorcheln präsentiert sich die faszinierende Unterwasserwelt. Genügend Trinkwasser mitführen!

Blue Sea Divers 🐚⚓ C 2

Tauchschule im Zentrum von Beau Vallon mit kostenloser Abholung im Hotel und breitem Serviceangebot. Täglich zwei Tauchgänge am Vormittag und einer am Nachmittag, Tauchkurse aller Stufen, viele unterschiedliche Tauchspots werden angefahren.

Beau Vallon | Tel. 2 52 60 51 | www.blueseadivers.com

The Underwater Centre – Dive Seychelles 🐚⚓ C 2

PADI-Tauchschule mit hervorragendem Service und moderner Ausrüstung sowie Ausrüstungsverleih im Berjaya Beau Vallon Bay Hotel, direkt am Strand von Beau Vallon. Das erfahrene Team bietet seit 1976 Fahrten zu den besten Tauchplätzen in der Gegend an. Nitrox, Kurse bis Instructor Niveau, Speciality Courses, Tauchpakete für versierte Taucher, Kurse und Touren auch für Schnorchler, kostenlose Abholung an der Unterkunft.

Beau Vallon | Tel. 4 34 54 45 oder 4 24 71 65 | www.diveseychelles.com. sc | tgl. 8.30–17 Uhr

Ziel in der Umgebung

◎ SILHOUETTE ISLAND 6

▶ Klappe vorne, A 3

Karte ▶ S. 85

Das bergige Eiland (bis zu 751 m hoch, 18 km nordöstlich von Mahé), dessen Silhouette von Beau Vallon aus gut sichtbar, ist mit 20 qkm die drittgrößte Insel der Seychellen. 100 Jahre lang (1860–1960) war sie im Besitz der aus Frankreich stammenden Familie Dauban, die eine Kokosplantage und Gewürzgärten betrieb und deren imposante Familiengruft inmitten üppi-

ger Vegetation noch heute zu sehen ist. Wegen der steilen Felswände und der unzugänglichen Küste wurde die Insel jedoch nie umfangreich besiedelt (zurzeit wohnen dort dauerhaft etwa 150 Menschen in drei Ortschaften) oder landwirtschaftlich genutzt, lediglich einige Wanderwege durchziehen die Berge. Die Wälder sind noch ursprünglich, und einige seltene Tier- und Pflanzenarten konnten sich halten (allein 274 Tierarten leben nur hier). Erst 1995 wurden je sechs Exemplare von zwei seit 1840 als ausgestorben geltenden Schildkrötenarten entdeckt, die sich von der ansonsten verbreiteten Aldabra-Landschildkröte unterscheiden: die riesige Seychellen-Schildkröte und die Arnoldi-Riesenschildkröte. Das Schutzprogramm auf der Insel wurde vom Nature Protection Trust of Seychelles unter der Leitung des Künstlers Ron Gerlach verwaltet (NPTS, Victoria, http://islandbiodiversity.com). Seit 2010 ist die Insel ein Nationalpark. Namensgeber war übrigens der französische Finanzminister Etienne de Silhouette, 1709–1767).

Boote verkehren von Bel Ombre aus zum Luxusresort Hilton Seychelles Labriz (30 Min.). Auch ein Helikopter-Transfer (15 Min.) ist möglich.

ÜBERNACHTEN

Hilton Seychelles Labriz Resort & Spa 🔖 C1

Für Inselromantiker – Das Luxusresort liegt am pulvrigen, kilometerlangen Sandstrand. Die Bungalows und Villen sind geräumig, sehr ansprechend und modern gestaltet und bieten allen nur erdenklichen Komfort. Die meisten liegen recht nah am Strand, viele verfügen über einen kleinen Pool, mehr Privatsphäre bieten die Gartenpavillons. Um die reizvoll gestaltete Poollandschaft gruppieren sich Hauptrestaurant, Pizzeria und Bar, daran anschließend, an einem natürlichen See- und Sumpfgebiet, liegen drei der fünf Spezialitätenrestaurants. Fitnessraum, Tennisplatz, Souvenirshop, sehr gut ausgestattetes Wassersportzentrum mit Nitrox und Dekompressionskammer. Ein architektonisches Highlight ist der geschickt in die Felsen und den Regenwald integrierte Spa-Bereich, der exklusive Anwendungen zu gesalzenen Preisen anbietet. Service, Ausstattung, Essen und Trinken sind hervorragend, auf Umweltschutz könnte bei der sehr fragilen Umgebung sicher noch etwas mehr geachtet werden. Es bleibt beispielsweise fraglich, wie lange die Meeresschildkröten bei der Menge an nächtlichen Lichtquellen und lärmenden Zuschauern noch hierher zum Nisten kommen werden. Mückenschutz gehört ins Gepäck, vor allem bei Wanderungen und Ausflügen über die Insel (mindestens 40 Min. Bootstransfer ab Bel Ombre (je nach Seegang und Abfahrtsstelle auch bis zu 2 Std.) oder 15-minütiger Helicopter-Transfer.)
Tel. 4 29 39 49 | www.hiltonseychelles labriz.com | 111 Bungalows | €€€€

DIE WESTKÜSTE MAHÉS 🔖 C4–E6

Die westliche Seite der Insel ist spärlich besiedelt. Einige kleine Ortschaften sind entlang der Küste verstreut, aber viel passiert nicht zwischen Port Launay im Norden und Anse La Mouche, dem Eingangstor zum noch ursprünglicheren Süden. Hinter Port Launay endet die enge Zufahrtsstraße, die von Port Glaud aus durch ein großes Mangrovengebiet hierher führt. Die schöne große Bucht gehört zu einem Naturpark, in dem die dort lebende Unterwasserwelt streng geschützt wird. Im Februar 2010 wurde am traumhaften Strand ein großflächiges Luxushotel eröffnet, der Zugang zum Strand ist jedoch frei zugänglich. Die kleinen Inseln Thérèse und L'Islette (nur wenige Meter von der Küste entfernt), auf denen sich früher Restaurants befanden, liegen im Dornröschenschlaf. Wer einen Fischer findet, der ihn mit seinem Boot dorthin übersetzt, erlebt für ein paar Stunden Robinson-Feeling.

In südlicher Richtung schlängelt sich die oft recht schmale Küstenstraße vorbei an der kleinen Siedlung Port Glaud nach Grand' Anse, entlang idyllischer Buchten und durch Wälder, vorbei an einem hübschen Shop des Pineapple Studios mit nettem Café, an kleineren Gästehäusern und Hotels sowie an den Einfahrten versteckter Wohnsitze, u. a. der Alsarello Lodge, eines der Domizile des Ex-Präsidenten René. Linkerhand liegt das National Biodiversity Centre, eine Forschungseinrichtung zum Schutz der heimischen Flora. Die nächste Siedlung, Anse Boileau, ist ein eher unspektakulärer Ort, dessen Strand wegen seines sehr flachen Wassers zum Baden ungeeignet ist. Ein Anziehungspunkt für Besucher hingegen ist das Restaurant Chez Plume (▶ S. 89) mit seiner hervorragenden kreolischen Küche.

Wer einen ruhigen Urlaub in relativer Abgeschiedenheit verbringen möchte, wird sich an der Westküste ausgesprochen wohl fühlen. Naturfreunde schätzen die zwei Naturlehrpfade, die nördlich des ehemaligen Barbarons Hotels (derzeit geschlossen) durch Mangrovensümpfe und schräg gegenüber durch einen Wald führen. In den Höhen der Westküste wachsen an der Forêt-Noire-Straße aromatischer Tee und saftiges Zitronengras, die beide in der Tea Factory am Morne Blanc (▶ S. 88) verarbeitet werden. Einige Kilometer weiter liegt in schwindelnder Höhe die Mission Lodge, eine ehemali-

ge Missionsschule für Sklaven, von der heute nur noch Ruinen übrig sind. Von diesem Aussichtspunkt hat man einen letzten schönen Blick auf die Westküste, bevor sich die Straße über unzählige Kurven bergab in Richtung Ostküste windet.

SEHENSWERTES

Mission Lodge, Venn's Town ✈ D 4

Die ehemalige anglikanische Missionsstation liegt in Mont Fleuri auf etwa 500 m Höhe im Morne Seychellois Nationalpark. Die Stämme der majestätischen Drachenblutbäume, die den Weg bis zum Aussichtspunkt und ehemaligen Standort der Missionsschule säumen, wirken wie Zeugen der Geschichte. Tafeln erläutern die Geschichte dieses Ortes, an dem 1876 eine Schule für verwaiste Kinder ehemaliger Skla-

Wer einen Ausflug zu dem der Westküste Mahés vorgelagerten Inselchen L'Islette (▶ S. 86) macht, wird sich dabei unweigerlich wie Robinson Crusoe fühlen.

ven errichtet und bis 1885 betrieben wurde. Heute erinnern nur noch wenige Ruinen und der Treppenaufgang an diese Zeit. Seit 1972 befindet sich hier ein Aussichtspunkt mit wunderschöner freier Sicht auf die Südwestküste.
Mont Fleuri | Freier Zugang und Eintritt

Tea Factory
C/D 4

»Seyte Vanilla Tea« heißt das beliebteste Produkt der an der Sans Soucis Road in 368 m Höhe gelegenen Teefabrik. Rund um die 1962 erbaute Anlage stehen auf ca. 110 ha hellgrüne Teebüsche in Reihen Spalier und bedecken die Hänge. Nur ein Teil des Tees, der hier gemischt und verpackt wird, stammt allerdings aus lokaler Produktion. Um den Bedarf der Seychellois und der Touristen zu decken, wird Tee aus Sri Lanka oder Indien zugekauft.

Die aromatisierten Schwarztee-Mischungen entstehen jedoch vor Ort, man kann sie in der kleinen Tea Tavern-Teestube probieren und auch käuflich erwerben.

Aus Zitronengras wird der bekömmliche Citronnelle-Kräutertee gebraut, eine lokale Spezialität, die man vielerorts kosten kann. Die etwas altmodisch anmutenden Trocken-, Sortier- und Verpackungsanlagen im Inneren der Fabrik können bei Führungen besichtigt werden, die je nach Bedarf stattfinden. Die Führung ist gratis, ein Trinkgeld wird gern entgegengenommen. Meistens spazieren Einzelbesucher jedoch auf eigene Faust durch die etwas verlassen wirkenden Räume. Im Umkreis der Fabrik beginnen einige Wanderwege, z.B. auf den Gipfel des **Morne Blanc** ⭐.

Ein beliebtes Ausflugsziel ist die Teefabrik (▶ S. 88) im Hochland von Mahé. Von dort hat man einen weiten Blick über die üppig-grüne Landschaft bis zur Küste.

Sans Soucis Road | Mo–Fr 8.30–16 Uhr |
Führungen zu unregelmäßigen Zeiten |
20 SR/Person, ansonsten Eintritt frei

ÜBERNACHTEN

Constance Ephélia Resort 🚹 💧 B 3

Großzügige Anlage – Luxushotel an
der einsamen Bucht im Meeresschutz-
gebiet, die an beiden Seiten von Stränden eingerahmt wird. Tolle weitläufige
Gärten, Zimmer und Suiten mit mo-
dernstem Komfort und neuester Ausstattung, riesiges Spa-Village mit vielen
Behandlungspavillons, mehrere Restaurants mit verschiedenen Themen-
und Küchenkonzepten, verschiedene
Pools, Kids Club, Shiseido Spa und
Wassersportzentrum.
Port Launay | Tel. 4 39 50 00 | www.
epheliaresort.com | 277 Zimmer und
Suiten | ♿ | €€€€

Maia Luxury Resort & Spa 💧 E 6

Luxus in Reinform – 2006 öffnete dieses Tophotel mit großem offenen Wellness-Bereich seine Pforten. Insgesamt
30 Villen mit Privatpool, am Hang
oder Strand gelegen, bieten modernste
Ausstattung und allen nur erdenklichen Komfort. 24 Std.-Butler-Service
und Limousinen-Abholservice vom
Flughafen inklusive. Gespeist wird an
der Bar des großen Swimmingpools
oder im Gourmetrestaurant mit einer
Mischung aus asiatischer und französischer Küche. Der ruhige Strand mit
feinpulvrigem Sand liegt direkt vor der
Haustür, die Gartenanlagen sind ein
Traum – und natürlich sorgsam gepflegt. Tagesgäste sind leider auch im
Restaurant nicht willkommen.
Anse Louis | Tel. 4 39 00 00 | www.maia.
com.sc | 30 Villen | ♿ | €€€€

ESSEN UND TRINKEN

RESTAURANTS

Chez Plume/Auberge Anse Boileau 💧 D 5

Traditionelle Gastlichkeit – Das kreolische Restaurant ist seit Jahren für seine ausgezeichnete Inselküche bekannt,
wenngleich der Rahmen einfach ist. Es
gibt auch neun günstige Gästezimmer
zu mieten.
Anse Boileau | Tel. 4 35 50 50 | www.
aubergeanseboileau.com | Mo–Sa, nur
Abendessen | €€

Opera Restaurant 💧 E 6

Regionale Spezialitäten – Hübsches,
halb offenes Restaurant mit kreolischer
Küche und internationalen Speisen wie
Pizzen, südlich der Kreuzung von der
Küsten- und der Canelles-Straße. Reiche Getränkeauswahl und »take
away«.
Anse La Mouche | Tel. 4 37 19 43 | www.
opera-mahe.com | Di–So 10–24 Uhr |
€€

Veranda Cafe 💧 D 5

Klein, aber fein – Schönes Terrassen-
lokal im Stil eines kreolischen Holz-
hauses in der Nähe von Barbarons an
der Straße, direkt neben dem Pineapple
Studio Shop. Hier gibt es sehr gute,
frisch gepresste Fruchtsäfte, leckere
Curries und fangfrische Fischgerichte,
und danach hausgemachte Desserts
und guten Kaffee. Und man kann zu
jeder Tageszeit einkehren. Wem der
heimische Nachmittagskuchen fehlt,
der wird ebenfalls fündig: Brownies
und Schokoladenkuchen munden einfach nur köstlich.
Barbarons | Tel. 2 60 03 84 | tgl. ab
11 Uhr bis zum letzten Gast

AKTIVITÄTEN

Utegangar Riding Center D 5

In Barbarons liegt dieser von Europäern betriebene Reitstall. Er ist die einzige Möglichkeit auf Mahé für geführte Reitausflüge oder Strandritte. Buchungen sollten mindestens einen Tag vorher erfolgen.

Barbarons | Tel. 2 71 23 55 | tgl. auf Vorreservierung | Preise auf Anfrage

Ziel in der Umgebung

◎ MORNE BLANC ★ C 4

Der oft vom Nebeldunst umhüllte Gipfel des 667 m hohen Gipfels der Seychellen fasziniert durch seine Pflanzenvielfalt, die viele der ausschließlich auf den Seychellen vorkommenden Arten umfasst. Wer ihn besteigen will, den erwartet ein mittelschwerer Pfad, auf dem man jedoch bei der hohen Luftfeuchtigkeit stark ins Schwitzen kommt; er beginnt etwas oberhalb der Teefabrik und steigt zunächst eine Weile steil an, bevor er dann gleichmäßig durch die schattigen, von dichtem Wurzelwerk durchzogenen Wälder des nach dem Berg benannten Nationalparks führt. Insgesamt muss ein Höhenunterschied von 250 m bewältigt werden. Von der Aussichtsplattform am Gipfel hat man einen hervorragenden Ausblick auf die Westküste von Mahé und bis an die Südspitze der Insel. Der Rückweg verläuft auf der gleichen Strecke, die gesamte Tour ist in etwa 2 Std. zu bewältigen.

🕐 Es empfiehlt sich, die Wanderung am Vormittag durchzuführen, da der Weg dann im Schatten liegt und die Gefahr von Bergnebel geringer ist.

Ca. 2 km bis zum Gipfel, hin und zurück ca. 2 Std.

DIE SÜDKÜSTE
MAHÉS F 6/7–E 6

Der ursprünglich gebliebene Süden Mahés erstreckt sich von Anse Royale an der Ostküste bis Anse La Mouche an der Westküste. Gleich südlich von Anse Royale wird die Straße enger und ist weniger befahren, kleine kreolische Hütten schmiegen sich an die Bergwände, nur gelegentlich leuchtet ein farbenfrohes Dach durch die Büsche. Die sehr kurvige Küstenstrecke ermöglicht immer wieder herrliche Blicke auf einsame Buchten. Einige wunderschöne Hotels und traumhafte Strände locken Touristen hierher.

Die Unterkünfte verteilen sich auf kleinere Gästehäuser, Ferienhäuser und einige Hotels der gehobenen Klasse. Kleinere Unterkünfte liegen an der ruhigen Anse Forbans. Zwischen Oktober und Mai kann es nachts vorkommen, dass sich eine Schildkröte den Strand hinaufschleppt, um ihre Eier im Sand zu vergraben. Ab der Anse Forbans führt die Straße durch das etwas hügelige Landesinnere, auf einer Anhöhe biegt die Stichstraße zur Anse Intendance ab. Hier befindet sich das Luxushotel Banyan Tree Resort & Spa,

Baden und Schnorcheln an der Anse Takamaka

Klein aber fein ist diese Traumbucht im Südwesten Mahés, in der man gefahrlos schnorcheln, schwimmen und planschen kann. Am Strand wartet zudem das urige Restaurant von Batista mit köstlichen kreolischen Spezialitäten (▶ S. 13).

Naturschauspiel: Wenn am Strand der Baie Lazare (▶ S. 91) allabendlich die Sonne wie ein glutroter Ball im Meer versinkt, dann ist das ... ganz großes Kino!

das einsam an einem der schönsten Strände Mahés liegt. Da diesem kein Korallenriff vorgelagert ist, preschen die Wellen mit Wucht in die Bucht, was das Baden hier gefährlich macht.

Weiter nördlich der Anse Intendance stößt die Straße an der Anse Takamaka auf die Südwestküste. Hier, vor dem bekannten rustikalen Restaurant Chez Batista, liegt ebenfalls ein herrlicher Badestrand mit guten Schnorchelgründen. Weiter nördlich gelangt man an die halbmondförmige Bucht Baie Lazare, in der 1742 der Seefahrer Lazare Picault im Rahmen einer Forschungs-

reise ankerte und die Seychellen zum Besitz der französischen Krone erklärte. Das flache Wasser der Bucht ist für Badevergnügen nicht ideal, Schwimmen ist nur vor dem Kempinski Hotel möglich, das auf einer nördlichen Landzunge liegt und seit seiner Eröffnung viele Touristen in den Süden lockt. Eine weitere Perle der Hotellerie ist das unweit davon gelegene Four Seasons Resort an der Petite Anse – dieser Strand wie auch die am entgegengesetzten Ende der Landzunge gelegene Anse Soleil zählen unter Kennern zu den schönsten auf Mahé.

Der Süden mit seiner etwas traditionellen Lebensweise ist in Künstlerkreisen sehr beliebt, viele Maler, Skulpteure und Kunsthandwerker leben und arbeiten hier. Auf dem Weg durch die Region laden zahlreiche Schilder am Wegesrand zum Besuch von Galerien und Kunstateliers ein.

ÜBERNACHTEN

Allamanda Resort & Spa DoubleTree by Hilton Hotel 🧑 E 8

Klein aber fein – Alle Zimmer dieses hübschen Hotels an der Südwestküste verfügen über Meerblick, zum schönen Strand sind es nur wenige Meter. Es gibt ein gutes Restaurant, eine Bar, einen Pool sowie einen kleinen Spa. Kinder sind herzlich willkommen. Wer einen ruhigen Urlaub ohne großes Tamtam sucht, fühlt sich hier garantiert sehr wohl.

Anse Forbans | Tel. 4 38 88 00 | www.hilton.com | 30 Zimmer | €€€€

Anse Soleil Beachcomber D 6

Einheimischer Charme – Kleines, romantisches Hotel an einer ruhigen, geschützten Bucht mit feinstem Sandstrand und guten Schnorchelgründen. Die Zimmer mögen zwar einfach sein, haben aber Terrasse und Meerblick, und die Küche serviert schmackhafte kreolische Gerichte.

Anse Soleil | Tel. 4 36 14 61 | www.beachcomber.sc | 10 Zimmer | €€

Banyan Tree Resort Mahé ▶ S. 23

Chalets d'Anse Forbans F 8

Sehr gute Ausstattung – Komfortable, geräumige Bungalows für Selbstversorger in einem sehr gepflegten Gelände, unmittelbar am Strand. Die Einkaufsmöglichkeiten sind allerdings etwas weiter entfernt.

Anse Forbans | Tel. 4 36 61 11 | www.forbans.com | 14 Bungalows für Selbstversorger | €€

Four Seasons Resort Seychelles 🧑 D 7

Einfach perfekt – Traumhaftes Hotel an einer verträumten Bucht mit feinstem Sand. Die meisten der riesigen Einzelvillen liegen am Hang, inmitten des dichten Grüns mit Blick auf den Ozean. Hilfsbereite Mitarbeiter stehen stets zur Verfügung, sie fahren Gäste in Elektro-Buggies zum Strand oder liefern Room Service-Bestellungen aus. Es gibt mehrere exquisite Restaurants, einen tollen Spa, einen wunderschönen Pool mit dezentem Poolservice und einen professionell betreuten Kids Club. Das sehr gut geführte Luxushotel versucht, jeden Wunsch der Gäste zu erfüllen. Bis zur wunderschönen Anse Soleil ist es nicht weit, es gibt mehrere Spazierwege zu kleinen Buchten.

Petite Anse | Tel. 4 39 30 00 | www.fourseasons.com | 67 Zimmer | ♿ | €€€€

Le Jardin des Palmes E 6

Gemütliche Holzchalets – Hübsche Anlage am Hang mit Blick auf die Bucht von Anse La Mouche. Fünf Doppelbungalows aus Holz beherbergen die zehn geräumigen, komfortablen und gemütlich eingerichteten Junior Suiten. Sie liegen unweit vom Pool, neben dem sich auch das Restaurant befindet (Halbpension möglich).

Anse La Mouche | Tel. 4 38 91 00 | www.jardindespalmes-seychelles.com | 10 Zimmer | €€€

Kempinski Seychelles Resort 👥 D/E 7

Wundervolle Gartenlandschaft – Moderne, große Hotelanlage abseits der Hauptstraße an einem schönen Strandabschnitt in der Baie Lazare. Nur 250 m vom Hotelstrand entfernt liegt ein schönes Riff, an dem man schnorcheln und dabei gelegentlich auch Schildkröten oder harmlosen Riffhaien begegnen kann. Der frühere Plantation Club, eine in einem weitläufigen Garten gelegene Anlage, wurde 2011 neu eröffnet und wartet mit zwei Restaurants, Bars, Pool und modernem Spa auf. Der »Lady in Red«-Guest Service betreut alle Kunden auf liebevolle und aufmerksame Art und Weise. Die Zimmer sind geschmackvoll und modern ausgestattet mit TV, Minibar, Safe und Wasserkocher für Tee und Kaffee.

Das Sportangebot umfasst Tennis, einen Fitnessraum, Yoga, Beachvolleyball, Radfahren, Badminton, Kayak, Tauchen und Hochseefischen. Der luxuriöse Spa offeriert Massagen und saisonale Anwendungen. Es gibt mehrere Wanderpfade; auch geführte Naturwanderungen werden angeboten. Baie Lazare | Tel. 4 38 66 66 | www. kempinski.com/seychelles | 145 Zimmer | €€€€

Lazare Picault Chalets 📖 D/E 7

Die Bucht vor Augen – Gepflegte Hotelanlage an einem Hang oberhalb des Strandes mit schönem Blick auf die Baie Lazare. Gute Bademöglichkeiten befinden sich einige Kilometer südlicher an der Anse Takamaka. Geschmackvolle Zimmer, ansprechendes Restaurant.

Als Gast des Kempinski Seychelles Resort (▶ S. 93) darf man sich auf elegant ausgestattete Zimmer und eine Fülle von Sport- und Wohlfühlangeboten freuen.

Baie Lazare | Tel. 4 36 11 11 | www.
seychelles-lazarepicaulthotel.com |
16 Zimmer | €€

Maison Soleil ◀◀ D 6

Spürbarer Künstlereinfluss – Sehr geschmackvoll eingerichtete Appartements für Selbstversorger in der Nähe des Four Seasons Resorts und der Anse Soleil. Alle Zimmer wurden eigenhändig liebevoll mit Dekor versehen von Andrew Gee, einem Künstler, der gleich nebenan sein Studio und Wohnhaus hat und gerne Tipps zu Ausflügen, Einkaufsmöglichkeiten usw. gibt. Das Holzhaus mit den Appartements liegt in einem üppigen Garten, es ist jedoch ratsam, ein Mietauto zu haben, um zu den schönsten Orten auf Mahé zu gelangen. Am ersten Tag gibt es (ab 3 Tage Aufenthalt) ein Frühstückspaket im Kühlschrank, authentische kreolische Gerichte fürs Abendessen können einen Tag vorher bestellt werden und werden stets frisch zubereitet.

Anse Soleil | Tel. 2 71 26 77 | www.
maisonsoleil.info | 4 Appartements für
2–4 Personen | €€

Valmer Resort ◀◀ D/E 7

Moderne Appartements – Die Anlage am Hang mit kleinem Pool liegt etwa 500 m vom Strand entfernt. Komfortable, gut ausgestattete Bungalows, darunter einige mit privatem Whirlpool und Internetanschluss Der Blick auf die Bucht ist von jeder Terrasse aus ein Genuss, die Sonnenuntergänge sind spektakulär. Kinder jeden Alters sind herzlich willkommen.

Baie Lazare | Tel. 4 38 15 55 | www.
valmerresort.com | 20 Chalets | €€

Kulinarische Gaumen- und Sinnesfreuden wie Seafood und tropische Früchte sind im Le Palmier Restaurant des Valmer Resort (▶ S. 94) an der Tagesordnung.

ESSEN UND TRINKEN

RESTAURANTS

Anse Soleil Restaurant 👬 🚩 D 6

Barfuß und locker – Ein typisch kreolisches Restaurant, oberhalb des bildschönen Strandes gelegen. Auf der immer belebten Terrasse werden köstliche und recht preiswerte Fisch- und Meeresfrüchtegerichte in großen Portionen serviert. Vor allem mittags ist hier viel los, wenn die Gäste die Füße im Sand vergraben und den herrlichen Blick auf die feinsandige Bucht genießen. Mag der Service auch mäßig zuvorkommend sein, so ist der Fisch jedoch immer frisch und äußerst schmackhaft.

Anse Soleil | Tel. 4 36 17 00 oder 2 51 12 12 | tgl. 11 18 Uhr, abends mit Reservierung | €€

Chez Batista, Villa und Restaurant 👬 🚩 E 7

Cool und kreolisch – Mit den Zehen im Sand wühlen und dem Plätschern der Wellen zuhören, während Reggae-Hits aus den Boxen tönen – dazu der Genuss kreolischer Köstlichkeiten: Im coolen Kulttreff am schönen Strand ist es möglich! Der Besitzer hat sich vom Strandverkäufer zum Gästehausbesitzer gemausert, sein gegrillter Fisch ist inselbekannt. Ein Gästehaus mit sechs komfortablen Zimmern liegt direkt am Meer in spektakulärer Lage, drei Bungalows befinden sich auf dem Hügel hinter dem Restaurant.

🕐 Am frühen Abend kann man sich bei Chez Batista einen Cocktail holen und setzt sich mit diesem gemütlich an den Strand, um den Sonnenuntergang zu bewundern.

Anse Takamaka | Tel. 4 36 63 00 | tgl. mittags und abends | €€

Maria's Rock Café 🚩 🚩 D/E 7

Kleinod – Die Chefin Maria Soubana, Frau des Skulpteurs Antonio Fillipin, hat an einer abgelegenen Straße, zwischen Granitfelsen in einem höhlenähnlichen Ambiente ein Schmuckstück geschaffen, das eine Einkehr lohnt. Trotz der sehr steilen Zufahrtsstraße finden seit Jahren viele Gäste hierher und werden nicht enttäuscht. Allein der Dekor ist beeindruckend, die Gerichte aus internationaler und nationaler Küche munden vorzüglich. Vor allem die auf heißem Stein gebratenen Fische sind ein kulinarischer Genuss, es werden regionale Zutaten verwendet, zum großen Teil sogar aus dem eigenen Garten. Damit rechtfertigt sich auch der etwas erhöhte Preis für die Speisen. Es gibt auch einige Zimmer zu mieten, und in der Pirate Cove genannten Gegend werden Naturkundewanderungen angeboten.

Baie Lazare | Tel. 2 57 55 44 | Mi–Mo 9–21 Uhr | €€

Le Réduit Restaurant 🚩 E 7

Ausgefallenes – Lust auf Exotik und einheimische Köstlichkeiten? In diesem kleinen, auf einem Hügel nahe der Ortschaft Takamaka gelegenen Restaurant, kommen auf Wunsch auch ausgefallene Spezialitäten wie »Fruit-bat«-Curry (Eintopf mit Flughundfleisch), Brotfruchtgemüse oder Bananenblütencurry auf den Tisch des Hauses. Die freundlichen, kreolischen Besitzer kochen selbst und haben lebenslange Erfahrung mit heimischen Rezepten, die von einer Generation an die andere weitergegeben worden sind.

Anse Takamaka | Tel. 4 36 61 16 | tgl. 11–21.30 Uhr | €–€€

DIE OSTKÜSTE MAHÉS
E 3–F 7

Der ursprüngliche Verlauf der Ostküste wurde südlich von Mahé durch extensive Landgewinnungsprojekte in den 1980er- und 1990er-Jahren völlig verändert. Schlängelte sich die alte Küstenstraße durch die Ortschaften Petit Paris und Cascade, vorbei an der Kirche St. Andreas mit einem leuchtend roten Dach, ist die Hauptverkehrsader heutzutage der neue Providence Highway, die größtenteils vierspurig ausgebaute Verbindungsstraße zwischen der Hauptstadt und dem Flughafen. Auch die Flughafengebäude und die mittlerweile 3 km lange Landebahn wurden Anfang der 1970er-Jahre auf einem dem Meer abgerungenem Areal erbaut – ohne diese Entwicklungen wären die Seychellen als unabhängiger Staat nicht lebensfähig gewesen. Südlich der Terminals wird die Straße schmaler und kurvenreicher, sie folgt seit jeher dem natürlichen Küstenverlauf. In Anse aux Pins liegen die ersten kleineren Hotels, hier befindet sich auch ein öffentlicher 9-Loch-Golfplatz gegenüber dem ehemaligen Reef Hotel, das in Wohngebäude und in ein Trainingszentrum für Hotelfachleute umgewandelt wurde. Zwischen Anse aux Pins und Anse Royale liegen einige interessante Sehenswürdigkeiten, die auch auf organisierten Inseltouren angefahren werden. Das Insti Kreol in einem wunderschönen, gepflegten Holzhaus dient der Förderung der kreolischen Sprache und Kultur. Im Kunsthandwerkerdorf Village artisanal (▶ S. 97) findet man neben Souvenirläden ein interessantes Museum mit Exponaten aus der Kolo-nialzeit sowie ein gutes Restaurant. Weiter südlich wurde ein altes kreolisches Haus wieder aufgebaut, das ehemalige Ecomusée, in dem sich heute das Plaine St. André Restaurant mit Bar und Informationszentrum der Trois Frères-Rumdestillerie befindet.

Ein Muss für Freunde tropischer Gewächse und Gewürze ist der Jardin du Roi, ein Garten mit kreolischem Wohnhaus bei Anse Royale. In Anse Royale selbst befinden sich mehrere Schulen, darunter die 2009 ins Leben gerufene Université des Seychelles, die hohes Ansehen genießt.

SEHENSWERTES

Insti Kreol
F 5

In einem weiß getünchten, gut erhaltenen kreolischen Kolonialhaus von 1920 befinden sich die Büros, die Bibliothek und Materialsammlung kreolischer Literatur des Instituts, das sich die Entwicklung und Pflege der kreolischen Sprache und Kultur zum Ziel gesetzt hat. Ein Rundgang durch das von dem deutschen Architekten Leit entworfene Innere des Hauses mit dem gepflegten Garten ist lohnenswert.

Domaine de Val des Près | Tel. 4 37 63 51 | Mo–Fr 8–16 Uhr | Eintritt frei

Jardin du Roi ▶ S. 31

Trois Frères Distillery
F 6

Die Anfang des 21. Jh. gegründete Rumdestillerie greift die Tradition der Rumherstellung aus Zuckerrohr auf, die im Indischen Ozean weit verbreitet ist. Sie ist Heimat der Takamaka Bay-Rumauswahl, die fünf Rumspezialitäten lokal hergestellt. Die Anlage auf dem Gelände der ehemaligen St. André

Im Kunsthandwerkerdorf Village artisanal (▶ S. 97) warten handgefertigte Waren auf Käufer, darunter Hüte und Taschen aus den Fasern der Kokosnuss.

Plantage kann seit 2007 besichtigt werden, Verköstigung wird ebenfalls vor Ort angeboten. Zum Areal gehören die Ruinen einiger Gebäude, beispielsweise der einstigen Lagerhäuser, der Glockenturm, Gästepavillons und Sklavenunterkünfte sowie ein Garten mit traditionellen Heil- und Gewürzpflanzen. Viele exotische Obstbäume schmücken den Garten. Im angrenzenden Plaine St. André Restaurant kann man in schöner Umgebung im Kolonialhaus, auf der Terrasse oder im Garten speisen, ein Shop bietet die hier hergestellten Alkoholika an, darüber hinaus aber auch andere Spezialitäten und Souvenirs.

Plaine St. André | Tel. 4 37 20 50 | www.takamakabay.com oder www.laplaine.sc | Touren mit anschließendem Tasting Mo–Fr 11.30 und 13.30 Uhr | Eintritt 200 SCR

MUSEEN UND GALERIEN

Village artisanal – Domaine de Val des Prés   ⚑ F 5/6

Bei Anse aux Pins liegt das Kunsthandwerkerdorf. Einheimische Künstler verkaufen hier ihre handgefertigte Ware zu recht günstigen Preisen. Die

Auswahl beinhaltet Textilien, Töpferwaren, Taschen und Körbe, Gewürze, Seifen, Essenzen, Schmuck und Bilder. Ein kleines Museum (Grann Kaz, in einem alten Kolonialhaus von 1870 untergebracht), befindet sich ebenfalls auf dem Gelände; es gibt Einblicke in kreolisches Leben von anno dazumal.

Anse aux Pins | Mo–Sa 9.30–16 Uhr | Kunsthandwerkerdorf und Museum: Eintritt frei

ÜBERNACHTEN

La Désirade   F 6

Einfach und gut – Große, klimatisierte Appartements. Die Einrichtung bietet alles Nötige für Selbstversorger. Es gibt keinen Strand, nur eine kleine Badeplattform.

Pointe au Sel | Tel. 4 34 42 22 | www.desirade.sc | 3 Zimmer | €

La Roussette Hotel   F 5

Ideal für Transfers – Nur 5 km südlich des Flughafens liegt dieses kleine Mittelklassehotel, durch die Straße vom Strand getrennt. Die zweckmäßig eingerichteten Zimmer sind eher für Transferaufenthalte geeignet. Ein Restaurant mit kreolischer Küche gehört zum Haus; weitere Lokale, Sehenswürdigkeiten und Geschäfte befinden sich in der Nähe.

Anse aux Pins/Au Cap | Tel. 4 37 62 45 | www.hotel-laroussette.com | 10 Zimmer | €€

The Wharf Hotel & Marina   E 4

Am Bootspier – Das gut ausgestattete Hotel liegt zwischen Flughafen und Tiefseehafen direkt am Jachthafen und bietet sich vor allem für Transferaufenthalte, Bootsfahrer und Geschäfts-

Auf der hübschen Veranda des Restaurants Vye Marmit (▶ S. 99) inmitten des Kunsthandwerkerdorfs Village artisanal wird schmackhafte kreolische Küche serviert.

leute an. An der Marina können bis zu 60 Boote anlegen. Das Aubergine Restaurant serviert gute internationale Küche. Zimmer mit TV, Safe, Minibar und großem Doppelbett, dazu PADI-Tauchschule und Swimmingpool. Durch die Lage am Jachthafen geht es hier etwas lebhafter zu als anderswo.

Providence | Tel. 4 67 07 00 | www.wharfseychelles.com | 16 Zimmer | €€€

ESSEN UND TRINKEN
RESTAURANTS

Eden Island E 3

Auf der künstlich aufgeschütteten Insel vor der Ostküste entstanden Hunderte von Anlegestellen für Jachten, Ferien- und Wohnhäuser für betuchte Menschen sowie ein modernes Shoppingcenter, um das sich viele Bars und Restaurants gruppieren. Hier kann man sich in schickem Ambiente und mit Blick auf die Marina kulinarisch verwöhnen lassen. Das Angebot reicht über Burger, Seafood, Indisch und Italienisch bis hin zu exotischen Spezialitäten und Finger Food.

Eden Island, mittags und abends geöffnet, Parkmöglichkeiten in der kostenpflichtigen Tiefgarage.

La Plaine St. André ▶ S. 29

Vye Marmit F 5

Hübsches Restaurant in einem neuen Haus im kreolischen Stil inmitten des Kunsthandwerkerdorfs Village artisanal. Bekannt für seine authentische kreolische Küche, vielfältige Auswahl, guter Service.

Anse aux Pins, Val des Près | Tel. 4 37 61 55 | Mo–Fr mittags und abends, Sa nur bei Voranmeldung, reservieren!

EINKAUFEN

Eden Plaza E 3

Nördlich des Flughafens entstand 2013/14 eine moderne Einkaufsmeile mit gut sortiertem Supermarkt, Boutiquen und vielen Cafés und Restaurants. Hier lohnt es sich zu flanieren – für junge Seychellois und viele Expats ist Eden Plaza seitdem das coole Shoppingziel und In-Treff zugleich.

Eden Island | tgl. 8–18 Uhr

Village artisanal ▶ S. 41, 97

KULTUR UND UNTERHALTUNG

Katiolo Diskothek E 3

Direkt südlich der Landebahn des Flughafens liegt diese typisch kreolische und alteingesessene Diskothek, die seit rund 20 Jahren jedes Wochenende Scharen von Besuchern anzieht. Kreolische und internationale Rhythmen werden hier am Wochenende aufgelegt und dazu wird leidenschaftlich getanzt und gefeiert, teilweise unter freiem Himmel, denn die Lautstärke der Musik stört hier niemanden. Wer sich gerne unter die einheimische Bevölkerung mischt und die Nacht zum Tag macht, ist hier richtig.

Anse Faure | Tel. 437 54 53 | Mi, Fr, Sa ab 22 Uhr | Eintritt ca. 50 SCR

AKTIVITÄTEN

Angel Fish Dive Center D/E 3

Das sich unter deutscher Leitung befindende Tauchzentrum in Roche Caiman bietet eine Vielzahl von Tauchausflügen unterschiedlichen Niveaus in den Ste. Anne Marine Park sowie zu Tauchplätzen entlang der Ostküste an.

Roche Caiman | Mobiltel. 72 90 21 oder Tel. 4 34 41 33 | www.dive-angelfish.com

STE. ANNE MARINE PARK 🔟 ⚓ E/F 3

Karte ▶ S. 103

Der Meeresnationalpark vor den Toren Mahés wurde 1973 als erstes Projekt dieser Art im Indischen Ozean eröffnet. Über 150 Fischarten tummeln sich im Wasser, motorisierter Wassersport, Fischfang oder Muschelsammeln sind streng verboten. Auch wenn die Korallenriffe des Parks zum größten Teil in mäßigem bis schlechtem Zustand sind, so finden Fische und andere Meeresbewohner hier ein Refugium. Beim Waten durchs kniehohe Wasser kann man sogar am Hotelstrand von Ste. Anne mit etwas Glück Baby-Riffhaie beobachten, die im geschützten, seichten Wasser heranwachsen und absolut harmlos sind. Auch Adlerrochen gehen hier gern auf Tuchfühlung mit den Besuchern. Die Strände der Inseln sind pulvrig und sauber, ihr Bewuchs ist urwaldähnlich unberührt. Von den sechs Inseln, die der Nationalpark umfasst, können vier besichtigt werden. Über 40 000 Touristen pro Jahr besuchen den Park während ihres Aufenthalts auf den Seychellen, damit gehört er zu den beliebtesten Ausflugszielen des Landes. Wer Ruhe und Abgeschiedenheit sucht, kann hier auch nächtigen und gleichzeitig die Nähe zu Mahé genießen.

Auf **Ste. Anne**, der mit 200 ha größten Insel der Gruppe, wird seit November 2002 das gleichnamige Luxushotel betrieben, alle alten Gebäude wurden – bis auf eine Brennanlage für Walfischöl – dem Erdboden gleichgemacht. Familiär und ruhig geht es auf **Cerf Island** zu. Dort befinden sich zwei schöne Unterkünfte, die zum Teil auch Tagesgäste

willkommen heißen. Auf **Round Island** hat ein Mini-Luxusresort mit nur zehn Villen eröffnet, auf der ehemaligen Gefängnisinsel **Long Island** steht eine zur Hälfte fertiggestellte Hotelanlage der (geplanten) Luxusklasse und wartet seit Jahren auf einen Investor, der sie fertigstellen und betreiben wird, bisher jedoch ohne Erfolg. Während die winzige **Île Cachée** unbewohnt ist, heißt die Mini-Insel **Moyenne** Tagesausflügler willkommen. Das dortige Restaurant serviert schmackhafte Mittagsmenüs, ansonsten kann man hier beim Schnorcheln die Unterwasserwelt erkunden. Wurden viele Korallen durch Veränderungen der Strömungsverhältnisse im Rahmen der Landgewinnungsmaßnahmen entlang der Ostküste sehr in Mitleidenschaft gezogen, so bieten sich heute die schönsten Schnorchelgründe im **Ste. Anne Channel**, einem Kanal, der zwischen den Inseln Ste. Anne und Moyenne verläuft. Alle örtlichen Reiseveranstalter offerieren Tagesausflüge in den Park mit unterschiedlichen Routen und Aktivitäten und fahren auch die schönsten Schnorchelspots an. Das Angel Fish Dive Center in Roche Caiman (Mobiltel. 72 90 21 oder Tel. 4 34 41 33) bietet Tauchtouren in den Park an.

ÜBERNACHTEN

Cerf Island Resort ⚓ E/F 3

Naturnähe und Ruhe – Die nur 1 x 1,5 km große Insel Cerf Island wird von rund 50 Menschen bewohnt und ist vollkommen autofrei. Die 24 luxuriösen Villen inmitten des ursprünglichen Dschungels, nur wenige Meter vom Strand entfernt, bieten deshalb Ruhe und Entspannung in Reinform.

Seit mehr als 40 Jahren ist der Ste. Anne Marine Park (▶ S. 100) ein Refugium für Fische, Korallen, Muscheln und andere bedrohte Meeresbewohner.

Die Anlage verfügt über zwei Swimmingpools, Restaurants, Tennisplätze, Helipad sowie ein Spa. Schnorchelausrüstungen, Kajaks und Tretboote werden kostenlos zur Verfügung gestellt, Transferservice nach Mahé (10 Min.). Es gibt ein attraktives Angebot mit Essen für Tagesbesucher. Kinder sind erst ab 7 Jahren in der Anlage willkommen. Cerf Island, Victoria | Tel. 2 78 13 11 | www.cerf-resort.com | 24 Villen | €€€€

L'Habitation Cerf Island 👫 🐟 E/F 3

Klein und fein – Das ansprechende, im Kolonialstil gehaltene Gästehaus liegt an der Westküste der autofreien Insel Cerf Island (15 Min. mit kostenlosem Boot-Shuttle von Victoria). Im Haupthaus befinden sich die komfortabel und geschmackvoll ausgestatteten Zimmer mit Meerblick (TV, Telefon, Minibar, Föhn). Das Nebengebäude beherbergt ein Restaurant mittleren Anspruchs, außerdem gibt es einen kleinen Pool sowie Kajaks. In der Anlage findet man private Abgeschiedenheit, aber auch Wandermöglichkeiten und Ausflüge (u. a. Schnorcheltouren) auf andere Inseln des Marine Parks sind möglich. Von Mai bis Oktober ist es am Strand oft sehr windig, dann wird viel Seegras angespült.

Cerf Island, Ste. Anne Marine Park | Tel. 4 32 31 11 | http://lhabitationcerf.net76. net | 10 Zimmer | €€€

Ste. Anne Island Resort & Spa Seychelles ▶ S. 25

ESSEN UND TRINKEN

RESTAURANTS

1756 Restaurant ⚑ E/F 3

Romantischer Gourmetausflug – Das Restaurant des Cerf Island Resorts bietet unterschiedliche Arrangements für Tagesbesucher an. Der Ausflug mit einer kurzen Bootsüberfahrt startet ab Mahé. Vor Ort kann man ausgezeichnet speisen oder eine Spa-Behandlung genießen, dann bleibt noch genügend Zeit zum Relaxen, Spazierengehen am Strand oder Schnorcheln.

Cerf Island, Ste. Anne Marine Park | Tel. 4 29 45 00 | www.cerf-resort.com | €€€

Ste. Anne Island Resort & Spa Seychelles 🏃 ▶ S. 103, A 1

Gourmetfreuden – Das exklusive Ambiente dieses Resorts wird auch durch seine Gastronomie widergespiegelt. Im Hauptrestaurant L' Abondance direkt am Pool werden internationale Gerichte und Themenbuffets mit toller Auswahl kredenzt. Sehr romantisch gelegen und auch wegen seiner hölzernen Stelzenkonstruktion besonders reizvoll ist das Le Mont Fleuri, wo à la carte getafelt wird. Mit kreolischer Küche, gegrilltem Fisch und frischen Meeresfrüchten werden Gäste im Strandrestaurant L' Océane verwöhnt. Auch im rustikal gestalteten Le Robinson dient der Strand den erlesenen Menüs als

Kulisse. Gäste des Hotels, die ein All-Inclusive-Paket gebucht haben, finden hier nahezu paradiesische kulinarische Möglichkeiten vor!

Ste. Anne Island, Victoria | Tel. 4 29 20 00 | www.sainteanne-resort.com | €€€€

AKTIVITÄTEN

Schnorchel- oder Tauchausflug ans Riff ▶ S. 103

Wasserratten können beim Besuch des Ste. Anne Marine Parks ganz auf Landgänge verzichten und beim Schnorchelausflug buchstäblich ganz in die faszinierende Unterwasserwelt dieses Meeresnationalparks eintauchen. Verschiedene Anbieter, darunter die Tauchschule Angel Fish Dive Center (▶ S. 99) und auch die Resorts auf den Inseln des Nationalparks bieten Ausflüge inklusive Schnorchelausrüstung und Begleitung an. Sie kennen die schönsten und strömungsfreiesten Stellen, sodass man sich auf diese Expertise verlassen sollte.

Anbieter: Creole Travel Services, Mason's Travel, Ste. Anne Resort, Angel Fish Dive Center und die beiden Unterkünfte auf Cerf Island

Ziele in der Umgebung

◎ ANONYME ⚑ F 4

Südlich des Ste. Anne Marine Parks liegt das kleine Inselchen Anonyme nur etwa 500 m von der Landebahn des internationalen Flughafens entfernt, allein im Meer. Bis vor wenigen Jahren befand sich auf diesem winzigen Flecken Land ein schönes, kleines Hotel der Luxusklasse, seit dessen Schließung liegt die Insel im Dornröschenschlaf. Da sie sich in Privatbesitz befin-

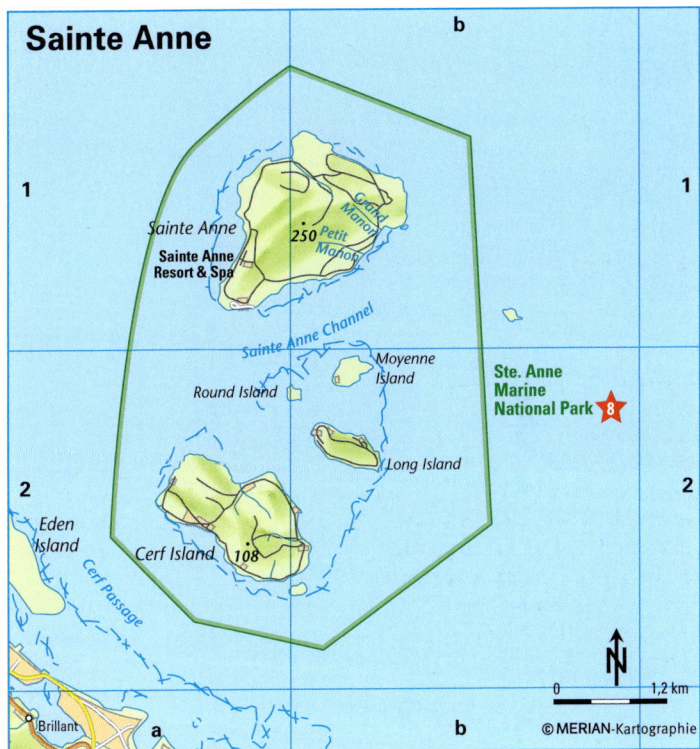

det, sind Besuche der schönen Strände nur vom Wasser aus und bis zur Hochwasserlinie gestattet. Während des von November bis Mai wehenden Nordwestmonsuns besuchen Einheimische gern den nach Südosten gelegenen Strand zum Picknicken, da er im Windschatten liegt und deshalb frei von Seegras ist.

◎ **MOYENNE** 🚹 ▶ **Klappe vorne, B 4**

Mehrmals pro Woche werden Tagestouren inklusive reichhaltigem Mittagessen auf diese kleine Insel im Herzen des Ste. Anne-Unterwasserparks angeboten. Zum Programm gehören eine Fahrt mit dem Glasbodenboot sowie Schnorcheln am Riff. Ein vom einstigen Besitzer, dem im Juli 2012 verstorbenen britischen Journalisten Brendon Grimshaw (er hatte die Insel 1962 für rund 10 000 Pfund erworben), angelegter kleiner Rundweg führt über das Eiland und zu einem kleinen Restaurant, von dem aus sich ein herrlicher Blick auf den Ozean und die umliegenden Inseln bietet.

Reservierung: Tel. 4 28 88 88 (Mason's Travel) oder 4 29 70 00 (CTS) | Tagestour ca. 50 €, Kinder 25 €

PRASLIN

Im Herzen tiefer Wälder, im Nationalpark Vallée de Mai,
wachsen die legendären »Coco de Mer«-Palmen.
Ihre riesigen, bis zu 25 kg schweren Nüsse sind die größten
und teuersten Früchte der Welt.

Praslin ist nach Mahé die am dichtesten besiedelte Insel der Seychellen. Etwa 7000 Praslinois und Praslinoises leben hier, auf der drittgrößten Granitinsel der Seychellen. Praslin hat nach Mahé die zweitgrößte Dichte an Touristenunterkünften, die Menschen kommen wegen der tollen Strände, der überschaubaren Größe und wegen der einzigartigen Vegetation im Inselinneren hierher. Kleine Maschinen, meistens Propellerflugzeuge, bringen jeden Tag in nur 15 Min. Gäste von Mahé zu dem beliebten Urlaubsziel, manche kommen auch nur auf einen Tagesausflug in die **Vallée de Mai** ⭐ hierher. Alternativ erreicht man Praslin mit der Fähre aus Mahé, die am Inner Island Quay in Victoria ablegt. Sie braucht für die Überfahrt etwa 1 Std. und legt in der Baie Ste. Anne an. Rund um die lang gestreckte Insel, die 12 km lang und bis zu 5 km breit ist, liegen weitere, kleinere Granitinseln, die bei Tagesausflügen besichtigt werden können.

◄ Von fast überirdischer Schönheit:
die Anse Lazio (► MERIAN TopTen, S. 106).

Outer Islands und
Koralleninseln

La Digue
und Inner
Islands

Praslin

Die Haupt-
insel Mahé
und der
Ste. Anne
Marine Park

Praslin ist die Heimat der legendenumwobenen »Coco de Mer«
(Seychellennuss). Etwa 7000
»Coco de Mer«-Bäume wachsen
im Inselinneren, im Nationalpark
Vallée de Mai, der unter dem
Schutz der UNESCO steht; einige
wenige Exemplare gedeihen auch
auf der Schwesterinsel Curieuse
(► S. 118). Die bis zu 25 kg schweren
Nüsse dieser Palmenart sind die
größten Früchte der Welt und sehr
teuer, wenn man sie besitzen möchte. Allein wegen dieser Pflanzen pil-
gern täglich Naturfreunde aus aller Welt in die schattigen Wälder des Nationalparks, der in der Mitte der Insel dieser seltenen und spektakulären
Art ein Refugium bietet.

MÄRCHENHAFTE RIESENNÜSSE

Mythen und Legenden ranken sich seit jeher um die ungewöhnliche
Frucht, sie ist und war schon immer sehr begehrt. Dies mag daran liegen,
dass die Ähnlichkeit der »Coco de Mer«-Frucht mit der weiblichen Ana-
tomie genauso frappierend ist wie die des unübersehbaren männlichen
Gegenstücks mit den Geschlechtsteilen des Mannes. So war die »Coco de
Mer«-Frucht schon im 18. Jh. als Aphrodisiakum begehrt oder einfach als
einzigartiger Fund. Bis heute gilt die Nuss als seltenes, wertvolles Samm-
lerstück. Jedes Exemplar ist registriert und kann nur mit einer speziellen
Ausfuhrgenehmigung erworben und heimgeführt werden. Mit ihren gi-
gantischen Blättern und gewaltigen Früchten sind »Coco de Mer«-Pal-
men wirklich sehr beeindruckend. Eine Wanderung durch den dichten
Dschungel dieses Urwalds im »Maital« (Vallée de Mai) lässt erahnen, wie
die Seychelleninseln mit ihrem dichten, üppigen Bewuchs auf die ersten
Besucher gewirkt haben müssen. Nur stellenweise bricht ein Lichtstrahl
durchs hohe Blätterdach, und wenn der Wind durch den Wald pfeift,
ächzt und quietscht es unheimlich. Die hohen »Coco de Mer«-Palmen
recken ihre dachgroßen Fächerblätter zum Licht, sie konkurrieren mit
fünf anderen einheimischen Palmenarten und zahlreichen anderen

Laubbäumen um Licht und nährstoffreichen Boden. Grüne Geckos und dunkle Leguane huschen über die Stämme, hoch oben im Geäst schweben Vögel, und gelegentlich tönt der Ruf des seltenen schwarzen Papageis durchs Gehölz. Am schönsten ist der Besuch vor allem in den frühen Morgenstunden oder am späten Nachmittag, wenn die Besuchergruppen abgefahren sind. Für die Wanderung durchs Vallée de Mai sollte man neben einer Kamera mit Blitz vor allem reichlich Mückenschutz und festes Schuhwerk mitbringen. Wer den Park aus etwas ungewöhnlicherer Sicht erfahren möchte, dem sei eine Inselüberquerung mit dem Fahrrad (▶ Touren auf den Seychellen, S. 162) empfohlen.

LANDESTYPISCHE ORTE UND BILDERBUCHSTRÄNDE

An der Küste liegen drei größere Orte sowie verstreute Häuser an Traumstränden. Unter den Stränden sticht die **Anse Lazio** ⭐ besonders hervor. Bisher ist die Bucht kaum erschlossen und praktisch unverbaut, nur zwei Restaurants bieten Erfrischungen und Mahlzeiten an. Das glasklare Meer trifft hier auf einen so feinkörnigen Sand, der fast wie Staub anmutet. Rosafarbene Granitfelsen rahmen dieses perfekte Bild eines Postkartenstrandes ein. Beim Baden sollte man sich vor den teils sehr gefährlichen Strömungen in Acht nehmen und nicht zu weit hinausschwimmen.
Die Ortschaft Côte d'Or ist eines der Touristenzentren mit zahlreichen Unterkünften am herrlich feinsandigen Strand der Anse Volbert. Auf Höhe des Berjaya Praslin Beach Resorts schaukeln viele Boote auf dem Wasser. Ab hier kann man ausgiebige Strandwanderungen an der 4 km langen Bucht unternehmen, die trotz ihrer Beliebtheit keineswegs zu stark bebaut oder frequentiert wirkt. Je weiter man nach Südosten gelangt, desto ruhiger wird es. Unterwegs warten in den unterschiedlichen Hotels und Gästehäusern Einkehrmöglichkeiten; die Rückkehr ist auch mit dem Bus möglich.
Der Hafen mit der Schiffsanlegestelle für die Schnellboote von Mahé und die traditionellen Schoner und Fähren, die regelmäßig zwischen Praslin und La Digue verkehren, liegt bei der Ortschaft Baie Ste. Anne, 2 km südlich des Ortskerns. In dieser Bucht, die nach der Schutzpatronin der ersten katholischen Kirche auf der Insel, der hl. Anna, benannt ist, wurde in den letzten Jahren viel Land aus dem Meer gewonnen, eine fragwürdige Maßnahme, die aus ästhetischer Sicht nicht sehr überzeugend ist.
Das dritte Hauptsiedlungsgebiet von Praslin ist Grand' Anse an der Westküste, wo sich einige Hotels und Gästehäuser an einer lang gestreckten Bucht verteilen. Am Strand wird jedoch zwischen Mai und Oktober so

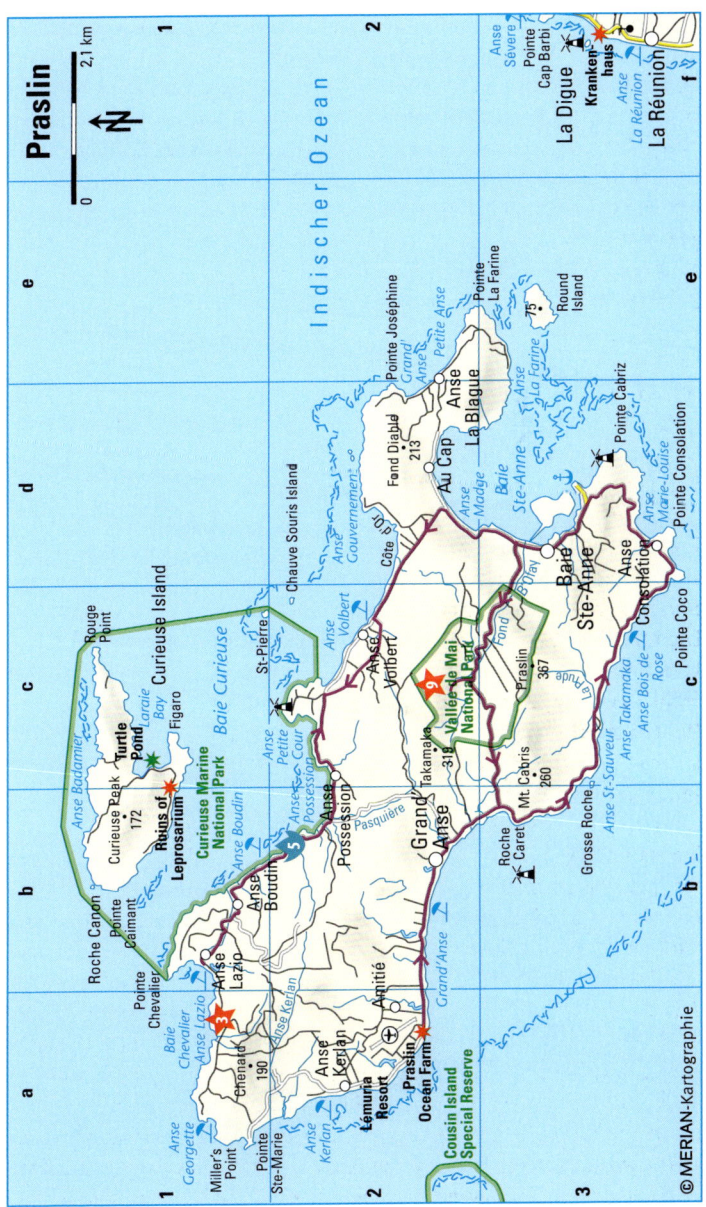

Praslin

N

0   2,1 km

Indischer Ozean

Baie Chevalier
Anse Georgette
Miller's Point
Pointe Ste-Marie
Pointe Chevalier
Roche Canon
Anse Kerlan
Anse Kerlan
Anse Lazio
Anse Kerlan
Anse Boudin
Anse Boudin
Pointe Zaimant
Curieuse Island
Rouge Point
Anse Badamier
Curieuse Peak 172
Turtle Pond
Figaro
Anse Laraie
Bay
Curieuse Marine National Park
Baie Curieuse
Anse Petite Cour
Anse Possession
Pasquière
St-Pierre
Chauve Souris Island
Côte d'Or
Anse Gouvernement
Fond Diable
Au Cap
Anse La Blague
213
Pointe Joséphine
Grand Anse La Farine
Pointe La Farine
Round Island
75
Anse Volbert
Anse Volbert
Anse Petite Anse
Anse Madge
Baie Ste-Anne
Pointe Cabriz
Pointe Consolation
Anse Marie-Louise
Anse Consolation
Baie Ste-Anne
Praslin 367
Vallée de Mai National Park
9
Takamaka
311
Mt. Cabris 260
Roche Caret
Grosse Roche
Anse Takamaka
Anse Bois de Rose
Anse St-Sauveur
Pointe Coco
Fond Ferdinand
Lemuria Resort
Anse Kerlan
Grand Anse
Chenaid 190
3
Anitié
Anse Kerlan
Grand Anse
Océan Farm
Praslin
Cousin Island Special Reserve

Ruins of Leprosarium

5

Anse Boudin

Grand Anse

Anse Volbert

Anse Consolation

La Digue
Anse Sévère
Cap Barbi
Kranken-haus
Anse La Réunion
La Réunion

© MERIAN-Kartographie

viel Seegras angeschwemmt, sodass er zu dieser Zeit zum Baden nicht in Frage kommt. Die hier ansässigen Hotels bieten dann vielfach Transfers zu anderen Stränden an. Wenige Kilometer nördlich von Grand' Anse befindet sich der Flughafen, dahinter liegen noch weitere, schöne Hotels sowie der Golfplatz des Constance Lémuria Hotels. Von der Küste blickt man nach Südwesten auf die 3 km entfernten Inseln Cousin und Cousine. Ein Tagesausflug auf die Vogelschutzinseln **Aride** oder **Cousin** ⭐ ist ein unvergessliches Erlebnis.

PRASLIN

▶ Klappe vorne, F 1/2 1

Karte ▶ S. 107

SEHENSWERTES

Anse La Blague ▶ S. 107, d/e 2

Ein kleiner betonierter Fahrweg führt in die abgelegene Anse La Blague im Osten von Praslin. Unterwegs sind die Ruinen einer ehemaligen Zimtöl-Destillerie mit Infoschildern ausgewiesen. Auch wenn der Strand dieser kleinen Bucht sicher nicht zu den schönsten der Insel zählt, lohnt sich ein Abstecher an diesen verträumten Ort, an dem nur zwei kleine Gästehäuser und eine Kunstgalerie auf Gäste warten. Wer Praslin etwas abseits der touristischen Ströme erleben möchte und Einsamkeit sucht, ist hier gut aufgehoben.

Anse Lazio ⭐ ▶ S. 107, b 1

Der unbebaute Strand in einer Bucht im Norden von Praslin gilt als die schönste Bucht der Insel. Auf etwa 2 km Länge zieht sich hier ein pulverweicher Sandstrand entlang, unterbrochen von mehreren Felsen, von denen einige auch der Bucht vorgelagert im Meer liegen. Hinter dem Strand breitet sich ein Feuchtgebiet aus, das ebenfalls sehenswert ist. Auch wenn die Bucht mit ihrem türkisfarbenen Wasser zum Baden und Schwimmen geradezu einlädt, sollte man sich vor gefährlichen Unterwasserströmungen in Acht nehmen und keinesfalls zu den vorgelagerten Felsen hinausschwimmen! Vor allem bei stärkerem Wellengang ist es nicht ungefährlich, hier zu schwimmen. Ein erfrischendes Bad in Ufernähe sollte aber auf jeden Fall zu einem Besuch dazugehören. Zwei sehr schön gelegene Restaurants servieren einheimische Küche mit Blick auf die Bucht.

Black Pearl and Giant Clam Farm 🧑 ▶ S. 107, a 2

Dass Perlen von Muscheln produziert werden und der Mensch erst am Ende Hand an sie legt, das erfährt man in dieser Anlage. Viele »giant clam«-Riesenmuscheln liegen in großen Becken nebeneinander. Seit 20 Jahren züchtet die von einer norwegischen Familie gegründete Farm zusätzlich im Kanal zwischen Praslin und Curieuse Muschelbänke zur Produktion von Perlen, darunter die besonders wertvollen raren schwarzen Perlen. In der Werkstatt sieht man, wie sie poliert und verarbeitet werden. Eine Boutique bietet die Schmuckstücke zum Kauf an.

Amitié | Tel. 4 23 31 50 oder 2 51 21 50 | www.blackpearlseychelles.com | Mo–Fr 10–16, Sa 10–12 Uhr | Eintritt 50 SCR (ca. 3 €), Kinder frei

Vallée de Mai ⭐ 🧍 ▶ S. 107, c 2/3

In diesem 1966 zum Naturschutzgebiet und 1983 zur UNESCO-Weltkulturstätte erklärten Tal in der Inselmitte wachsen die sagenumwobenen »Coco de Mer«-Palmen. Bis 1768 war die Herkunft der riesigen Seychellennuss unbekannt. Man nahm an, dass die angeschwemmten Früchte von einem riesigen Unterwasserbaum stammten. Wegen der Ähnlichkeit der Frucht mit einem weiblichen Becken sprach man ihr aphrodisierende Wirkung zu und verehrte die kostbaren Nüsse, die noch heute in Museen in London, Paris oder Dresden zu bestaunen sind. Der Mythos wurde durch die Entdeckung der männlichen Pflanze verstärkt, deren phallisch geformte Blütenstände sofort ins Auge fallen. Mythen und Legenden ranken sich bis heute um die Fortpflanzung der Palmen. Obwohl bewiesen ist, dass Vögel und Insekten die Pollen von einer Pflanze auf die andere übertragen, geht die Sage um, dass sich die Bäume in stürmischen Nächten paaren. Viele der ca. 7000 Exemplare in der Vallée de Mai werden auf ein Alter von 800 bis 1000 Jahren geschätzt.

Beschilderte Wege von 1–2 km Länge führen durch den etwas 18 qkm großen Nationalpark, seit 2013 ist auch ein für Rollstühle geeigneter Pfad angelegt worden. Man sollte für den Besuch mindestens 3 Std. einplanen; ein kleines Café lädt zu einer Verschnaufpause ein. Im Informationszentrum kann man u. a. »Coco de Mer«-Früchte kaufen, deren Preise sich zwischen 150 und 600 € bewegen.

Tgl. 8–17 Uhr | ♿ | Eintritt ca. 16 €, Kinder frei

Im Naturreservat Vallée de Mai (▶ S. 109), in dem die »Coco de Mer«-Palmen mit ihren Riesennüssen wachsen, fühlt man sich an einen Märchenwald erinnert.

MUSEEN UND GALERIEN

Musée de Praslin ▶ S. 107, c 2

Kleines Museum mit Shop in Côte d'Or nahe der Footprints-Côte d'Or-Anlage in einem historischen Haus. In der kleinen Ausstellung werden einige Informationen zum Leben und zur Geschichte von Praslin gegeben.

Côte d'Or | tgl. 9–16 Uhr | Eintritt ca. 5 €, Kinder frei

Atelier – Art Gallery ▶ S. 107, d/e 2

Der Künstler Robinson Sey. Marx lebt und arbeitet in seinem Atelier am Ende der Straße von Anse La Blague. Gäste sind in seinem Atelier willkommen, können die farbenfrohen Gemälde und Kunstwerke bewundern und natürlich auch kaufen.

Anse La Blague | tgl. wechselnde Öffnungszeiten

ÜBERNACHTEN

Acajou Hotel ▶ S. 107, c/d 2

Geschmackvoll eingerichtet – Sehr ansprechende Hotelanlage aus dunklem Mahagoniholz, die um einen Swimmingpool an einem ruhigen Abschnitt des Côte-d'Or-Strandes erbaut wurde. Zum Hotel gehört ein gutes Restaurant mit persönlichem Service sowie eine Strandbar unter freiem Himmel. Das gesamte Areal hat sich 2014 einer Generalüberholung unterzogen, wurde darüber hinaus vergrößert sowie innen und außen modernisiert und verschönert, sodass es sich ab Nov. 2014 den Gästen in einem völlig neuen Outfit präsentiert.

Côte d'Or | Tel. 4 23 24 00 | www. acajouhotel.com | 46 Zimmer und 6 Appartements für Selbstversorger | €€€€

Am Pool liegen und aufs Meer schauen: eine der vielen kleinen Annehmlichkeiten, mit denen das Hotel Château des Feuilles (▶ S. 111) seine Gäste beglückt.

L'Archipel Hotel ▶ S. 107, d 2

Für Romantiker – Großzügige Luxusanlage mit schönem Pool im asiatischen Baustil am östlichen Ende von Anse Volbert. Am ruhigen Strand befindet sich ein hübsches Restaurant. Hier drehte Roman Polanski 1984 den Abenteuerfilm »Pirates«. Die Zimmer bieten schöne Blicke auf die Bucht, und die Suiten sind stilvoll eingerichtet. Massage- und Fitnessstudio, Kinder unter 3 Jahren sind nicht willkommen. Route des Cocotiers, Anse Gouvernement | Tel. 4 28 47 00 | www.larchipel. com | 30 Zimmer | €€€€

Berjaya Praslin Beach Resort 👫 ▶ S. 107, d 2

Lebhafte Mittelklasseanlage – Beliebte, zentral gelegene Anlage gegenüber dem Strand Anse Volbert, in dessen Bucht viele Jachten und Ausflugsboote schaukeln. Die geräumigen und mit allem nötigen Komfort versehenen Zimmer befinden sich in Bungalows, die sich um den Pool und Garten gruppieren; direkt am Strand betreibt das Hotel eine beliebte Pizzeria. Nachmittags wird kostenlos Tee und Gebäck serviert. Im Angebot sind einige Sportaktivitäten, darunter auch Tennis. Wegen des guten Preis-Leistungs-Verhältnisses und der tollen Lage ist das Hotel auch für Familien mit Kleinkindern geeignet. Anse Volbert/Côte d'Or | Tel. 4 28 62 86 | www.berjayahotel.com | 79 Zimmer | ♿ | €€€

Castello Beach Hotel 👫 ▶ S. 107, a 2

Kinderfreundlich – Im Januar 2009 völlig neu gestaltete Mittelklasseanlage mit sehr geräumigen Suiten und Familienzimmern. Pool mit Kinderplanschbecken, Mini-Club, Spielzimmer, Massageraum, Fahrradverleih. Restaurant und Poolbar mit kreolischer und internationaler Küche. In der Nähe befinden sich der Flughafen und der Golfplatz des Constance Lémuria Resorts. Anse Kerlan | Tel. 4 29 89 00 | www. castellobeachhotel.com | 26 Zimmer | €€€

Chalets Coté Mer und Colibri Self-Catering Guest House ▶ S. 107, d 3

Blick auf La Digue – Angenehme Bungalows für Selbstversorger mit schönem Blick auf die Bucht von Ste. Anne. Zum Familienbetrieb gehört auch ein Restaurant am Meer, in dem für Gäste auf Wunsch Frühstück und Abendessen serviert werden. Ein kleiner, künstlich angelegter Sandstreifen bietet Bademöglichkeiten. Es gibt auch eine Badeplattform, einen neuen Pool und ein Restaurant, das auf Stelzen aufs Meer hinausragt, sowie, einige Meter entfernt, weitere Gästezimmer im Colibri Guest House. Baie Ste. Anne | Tel. 4 29 42 00 | www. chaletcotemer.com | 6 Appartements und 7 Zimmer | €€

Château de Feuilles and Sister Islands Private ▶ S. 107, d 3

Ideal zum Abschalten – Das außergewöhnliche Hotel gehört zur traditionsreichen Kette Relais & Châteaux. Abseits der Touristenströme hat sich die Anlage mit palmengedeckten Häusern aus Natursteinen auf einem Hügel über der Küste eingerichtet, eingebettet in ein weitschweifiges Gelände. Die Villen sind alle unterschiedlich gestaltet, sehr geschmackvoll eingerichtet und mit allem Komfort versehen, den man sich als Gast nur wünschen kann – und es herrscht selige Ruhe. Atemberaubende Blicke eröffnen sich auf die umliegenden Inseln und Buchten; am höchstgelegenen Punkt der Anlage lädt ein romantischer Whirlpool zum Relaxen ein. Im Restaurant am Swimmingpool genießt man feinste Küche in privatem Ambiente, zum Traumstrand Anse Marie-Louise gelangt man zu Fuß in nur 10 Min. Am Wochenende steht die Insel Grande Sœur (20 Min. per Boot) mit ihren Traumstränden den Gästen zur exklusiven Verfügung; Massagen sind ebenfalls im Angebot. Kinder sind erst ab 8 Jahren erwünscht, Mietwagen ist im Übernachtungspreis eingeschlossen. Helikopterlandeplatz und Massagesalon.

Pointe Cabris, Baie Ste. Anne | Tel. 4 29 00 00 | www.chateaudefeuilles. com | 9 Villen | €€€€

Coco de Mer Hotel und Black Parrot Suites ▶ S. 107, c 3

Adults only – Die zwei miteinander verbundenen Hotels liegen direkt am Strand an der ruhigen Südwestküste: Man kann allabendlich dabei zusehen, wie am Horizont die Sonne wie ein glühender Ball im Meer versinkt. Die klimatisierten Zimmer sind geräumig und behaglich, vor allem die Suiten des Black Parrot bieten Luxus mit makellosem Service. Zur etwas belebteren »Coco de Mer«-Anlage gehören neben dem schönen Restaurant Mango Terrace neben dem Pier ein Wassersportzentrum, Spa, Tennisplätze, zwei Pools und ein Minigolfplatz. Zwei große, komfortable Katamarane mit jeweils sechs Kabinen können für mehrtägige

Ausflüge mit Skipper gemietet werden. Keine Kinder unter 14 Jahren.

Anse Bois de Rose | Tel. 4 29 05 55 | www.cocodemer.com | 40 Zimmer, 12 Suiten | €€€€

Dhevatara Beach Hotel ▶ S. 107, b 2

Mit Charme – Kleines Boutiquehotel im Norden von Grand' Anse, mit sehr schön eingerichteten Zimmern und einem ausgezeichneten Restaurant. Moderner Baustil mit vielen Wasserbecken, elegante Ausstattung. Der Strand kann je nach Jahreszeit mit Seegras belastet sein.

Grand'Anse | Tel. 4 23 73 31 | www. dhevatara-seychelles.com | 10 Zimmer | €€€

Le Duc de Praslin Hotel ▶ S. 107, d 2

Ruhig und gepflegt – Frisch renovierte Bungalowanlage unter einheimischer Leitung mit hübschem Swimmingpool in einem Garten unweit des Strandes und der Geschäfte. Das Restaurant serviert kreolische Gerichte und baut tolle Buffets auf. Sehr geschmackvolle Einrichtung; es gibt auch einen kleinen Spa mit einem Mineralwasser-Magna-Pool. Herzlicher Empfang.

Anse Volbert/Côte d'Or | Tel. 4 23 22 52 | www.leduc-seychelles.com | 28 Zimmer und 2 Villen in Hanglage | €€

Indian Ocean Lodge ▶ S. 107, b 2

Freundlicher Service – Familienfreundliche Anlage direkt am Strand nahe der Ortschaft Grand' Anse. Die sauberen Komfortzimmer liegen in zweistöckigen Gebäuden.

Grand'Anse | Tel. 4 28 38 38 | www. indianoceanlodge.com | 32 Zimmer | €€€

Im Constance Lémuria Resort of Praslin (▶ S. 24, 113) sind Meisterköche am Werk, deren kulinarische Kreationen in jeder Hinsicht den Geschmacksnerv treffen.

Laurier Eco Hotel & Restaurant 👨‍👧
▶ S. 107, c/d 2

Einfach und authentisch – In diesem einfachen und für die Seychellen typischen kleinen Gästehaus werden sich Paare und Familien wohlfühlen. Das Haus liegt unweit des Strandes und verfügt auch über ein gutes kreolisches Restaurant, in dem frischer Fisch, leckere Curries und Spezialitäten vom Grill aufgetischt werden. Auf umweltfreundliches Verhalten wird geachtet.

Côte d'Or | Tel. 4 23 22 41 | www.laurier-seychelles.com | 6 Zimmer und 8 Bungalows | €€

Constance Lémuria Resort of Praslin 👨‍👧 ▶ S. 24

Palm Beach Hotel
▶ S. 107, b 2

Zentrale Lage – Mehrstöckiges Hotel nahe dem Ortszentrum von Grand'Anse. Die Zimmer sind sauber und mit allem erforderlichen Komfort (Klimaanlage, Telefon, Haartrockner, Wasserkocher) ausgestattet. Balkon mit Meerblick, Swimmingpool. Transfer vom und zum Flughafen.

Grand'Anse | Tel. 4 29 20 20 | www.seychelles-palmbeachhotel.com | 13 Zimmer | ♿ | €€

New Emerald Cove Hotel ▶ S. 107, e 3

Für Aussteiger – Das zauberhafte Hotel liegt abgeschieden in der Bucht Anse La Farine, gesäumt von Palmen und zwei wunderschönen puderweißen Sandstränden. Die Zufahrt erfolgt ausschließlich per Boot, da hierher keine Straße führt. Hier finden die Gäste absolute Ruhe. Die geschmackvoll eingerichteten Zimmer verteilen sich auf insgesamt sieben einstöckige Chalets und befinden sich entweder im Parterre oder im ersten Stock. Das Dinner wird im Open-Air-Restaurant serviert, ein Pool befindet sich neben der Rezeption. Reichhaltiges Frühstücksbuffet, nachmittags »tea time«.
Anse La Farine | Tel. 4 23 23 23 | www.emerald.sc | 42 Zimmer | €€€€

Paradise Sun Hotel 🏋 ▶ S. 107, c/d 2

Solide Mittelklasse – Die beliebte, familienfreundliche Anlage liegt in einem Garten unmittelbar am Strand. Die Gebäude sind ein- bis zweistöckig, Wassersportzentren befinden sich in der Nähe. Exkursionen werden angeboten. Swimmingpool, Tauchschule, WLAN und kleiner Spa.
Anse Volbert/Côte d'Or | Tel. 4 29 32 93 | www.paradisesunhotel.com | 80 Zimmer | €€€€

Raffles Seychelles 🏋🚩 ▶ S. 107, b 1

Luxus in Traumlage – Der neue Stern am Hotelhimmel von Praslin hat rasch die Herzen der Gäste erobert, schließlich punktet die Anlage mit Luxus in Reinform. Die großzügigen, auf Stelzen gebauten Villen bieten einen atemberaubenden Blick aufs Meer und die gegenüberliegende Insel Curieuse. Die ehemals an der Küste verlaufende Straße führt nun hinter dem Hotel her. Entlang dem Strand der Anse Takamaka verläuft ein öffentlicher Rad- und Wanderweg, so hat jedermann Zugang zum Strand, der herrliche Schnorchelgründe rund um die eingestreuten Felsen bietet. Lage, Service, Essen, Bars, Pool und Spa dieses Hotels sind zweifellos traumhaft. Jede Villa verfügt über einen eigenen Pool, riesiges Sonnendeck, großzügiges Bad mit Außendusche und modernste Ausstattung. Privatbutler bedienen die Gäste, Kinder sind herzlich willkommen und werden im Kids Club betreut. Der Spa setzt neue Maßstäbe auf Praslin.
Anse Takamaka | Tel. 4 29 60 00 | www.raffles.com | 86 Villen | ♿ | €€€€

Frühstück in einem Luxushotel 5

Auch wenn man selber in keinem dieser Traumhotels residiert, sollte man dort einmal frühstücken. Das Buffet lockt mit frisch gepressten Obstsäften, Eierspeisen, Gebäck, exotischen Konfitüren, Lachs, Kaviar, Champagner … Da wird schnell aus dem Breakfast ein Brunch (▶ S. 14).

La Reserve Hotel 🏋 ▶ S. 107, c 2

Tolle Poollandschaft – Schöne Anlage an einer ruhigen Bucht im Nordwesten zwischen der Côte d'Or und der Anse Lazio. Beeindruckend sind die Wasserfälle, Brücken und Bar um den Pool sowie die kreolische Architektur. Das Hauptrestaurant serviert internationale Küche, von den meisten Villen und Bungalows eröffnen sich herrliche Blicke aufs Meer. Zwei Ausflüge in die Umgebung sowie drei Abende mit Liveband pro Woche werden kostenfrei angeboten.

Anse Petite Cour | Tel. 4 29 80 00 | www.lareserve.sc | 40 Zimmer | €€€€

Villa Anse La Blague ▶ S. 107, d/e 2

Einsamkeit pur – Familiäres kleines Hotel mit Restaurant direkt am Strand der abgelegenen Anse La Blague, das erst 2012 eröffnet hat. Die großen, sauberen Zimmer sind nicht nur hübsch eingerichtet, sondern dank einer Verbindungstür auch für Familien geeignet. Das Frühstück wird im Restaurant mit Blick aufs Meer serviert, auch mittags und abends kann man hier einkehren. Exzellenter Service.

Anse La Blague | Tel. 4 23 21 10 | www. villaanselablague.com | 3 Zimmer | €€

Village du Pêcheur ▶ S. 107, c/d 2

Voller Charme – Wunderschönes Boutiquehotel direkt am Strand, das vor allem bei Paaren sehr beliebt ist. Strandrestaurant mit »Füße-im-Sand«-Philosophie, stilvolle Zimmer, Massageraum. Kinder sind erst ab 12 Jahren willkommen.

Côte d'Or | Tel. 4 29 03 00 | www.the sunsethotelgroup.com | 19 Zimmer | €€€–€€€€

Les Villas d'Or ▶ S. 107, c/d 2

Ruhige Strandlage – Bungalowanlage am wunderschönen Strand von Côte d'Or. Die geschmackvoll und praktisch eingerichteten Bungalows liegen abseits der Hauptstraße in einem Garten, nur wenige Meter vom Wasser entfernt und dennoch unberührt von Lärm und Menschenmassen. Frühstück wird auf

Wäre der Himmel auf Erden, müsste man sich ihn ein wenig wie im New Emerald Cove Hotel (▶ S. 114) an der Anse La Farine vorstellen – auf jeden Fall mit Himmelbett!

»Café«? Eine maßlose Untertreibung, schließlich wartet das Café des Arts (▶ S. 117) mit
Tafelfreuden auf, die jedem Gourmet ein Lächeln ins Gesicht zaubern.

dem Zimmer serviert, eine gut ausgestattete Küche steht Selbstversorgern
zur Verfügung, Abendessen auf
Wunsch. Restaurants sind leicht per
Taxi, Rad oder auch zu Fuß zu erreichen. Fahrradverleih.

Côte d'Or | Tel. 4 23 27 77 | www.
seychelles.net/villador | 12 Bungalows
für Selbstversorger | €€€

ESSEN UND TRINKEN
RESTAURANTS

Bonbon Plume Restaurant ▶ S. 107, b 1

Erste Adresse vor Ort – Direkt am
Strand der Anse Lazio gelegenes, offenes Restaurant mit einer umfangrei-
chen Speisekarte an Hauptspeisen und
kleinen Gerichten.

Anse Lazio | Tel. 4 23 21 36 | tgl. mittags
bis 16 Uhr | €€€

Le Britannia Hotel ▶ S. 107, b 2

Ausgezeichnete Küche – Kleines, ge-
pflegtes Hotel etwas abseits des Strandes und Ortskerns von Grand' Anse.
Das dazugehörige Restaurant tischt
exzellente, überwiegend kreolische Gerichte auf.

Grand'Anse | Tel. 4 23 32 15 | www.
anthurium.com | 12 Zimmer | €€

Café des Arts ▶ S. 107, c/d 2

Unter Palmen – Das tolle Lokal am Strand wird als Gourmetrestaurant von Le Duc de Praslin Hotel betrieben. Zum Restaurant gehört ein ansprechender Souvenirladen, der hochwertige Mitbringsel offeriert: vom T-Shirt bis zu Schmuckstücken.

Anse Volbert/Côte d'Or | Tel. 4 23 21 31 oder 4 23 21 70 | www.cafe.sc | Mo–Sa 9–17 Uhr

Le Chevalier Bay Restaurant
▶ S. 107, b 1

Unkomplizierte Atmosphäre – Die Füße im Sand vergraben, dem Meeresrauschen lauschen, exotische Drinks und kreolische Spezialitäten genießen, und das alles am schönsten Strand der Insel, der Anse Lazio. Besonders zu empfehlen in den ruhigeren Stunden außerhalb der Mittagszeit.

Anse Lazio | Tel. 4 23 23 22 | tgl. 8–16 Uhr | €€€

La Goulue Restaurant and Creole Café ▶ S. 107, d 2

Preiswert – Kleines kreolisches Restaurant und Café an der Anse Volbert.

Anse Volbert | Tel. 4 23 22 23 | Mo–Sa mittags und abends | €

PK's @ Pasquiere Restaurant & Gastropub 🚩 ▶ S. 107, b 1

Beste Früchtecocktails – Etwas versstecktes Restaurant am Hang hinter dem Raffles Hotel auf dem Weg zur Anse Lazio. Kostenloser Abholservice, gute Weinkarte, leckere Cocktails, innovative und fantasievolle kreolische und internationale Küche.

Pasquiere Road, Anse Boudin | Tel. 4 23 62 42 | tgl. mittags und abends | €€

CAFÉS

Gelateria 👫 ▶ S. 107, c/d 2

Die stilvolle italienische Eisdiele in Côte d'Or an der Anse Volbert serviert neben Eisspezialitäten auch kleine Gerichte und Snacks.

Anse Volbert/Côte d'Or | tgl. durchgehend geöffnet | €

Café Le Monde ▶ S. 107, b 2

Kleines Café mit balinesischem Dekor, asiatischer und kreolischer Küche (aber auch Pizza) zu erschwinglichen Preisen. Hübsche Gartenterrasse.

Grand'Anse | Mobiltel. 78 11 21 | tgl. 10–22 Uhr | €–€€

KULTUR UND UNTERHALTUNG

SPIELCASINO

Casino des Îles ▶ S. 107, c/d 2

Im groß aufgemachten einzigen Spielcasino auf Praslin werden allabendlich (20.30–3 Uhr, einarmige Banditen tgl. ab 12.30 Uhr) die Spieltische geöffnet. Einer Klientel mit gehobenen Ansprüchen bietet es die Möglichkeit, das große Glück zu machen oder zumindest einen vergnüglichen Abend zu verbringen. Ein kostenloser Bustransport von und zum Hotel kann telefonisch angefordert werden.

Côte d'Or

NACHTCLUBS

Crystal Bar ▶ S. 107, c/d 2

Im oberen Stockwerk des Casino des Îles wird am Wochenende zu internationalen und einheimischen Rhythmen das Tanzbein geschwungen. Die Disco ist bei Einheimischen und Gästen gleichermaßen beliebt.

Côte d'Or | Fr–Sa 22–3 Uhr | Eintritt ca. 10 €

Oxygen Night Club ▸ S. 107, d 3

In der Einheimischen-Diskothek in Baie Ste. Anne ist am Wochenende jede Menge los. Hier wird zu kreolischen und internationalen Rhythmen getanzt, selbst Discofreunde von La Digue kommen gezielt hierher.

Baie Ste. Anne | Tel. 4 23 29 62 | Fr–Sa 22–4, So 19–2 Uhr | Eintritt ca. 10 €

AKTIVITÄTEN

Wanderungen auf Praslin

Wer sportlich aktiv sein möchte, ohne sich zu verausgaben, kann auf Praslin zahlreiche Wandertouren unternehmen, auch wenn diese nicht beschildert und teilweise selten begangen sind. Bei Zweifeln sollte man sich bei Einheimischen nach der richtigen Richtung erkundigen. Auf allen Wanderungen ist ausreichend Trinkwasser und Sonnenschutz unerlässlich. Von der Anse Kerlan aus, etwa auf Höhe des Castello Beach Hotels, biegt eine Straße ins Landesinnere nach Osten ab. Dieser folgt man bis zu ihrem Ende, geht dann dem Pfad weiter, der weiter oben über den Anse Kerlan River führt. Ab hier zweigt der Weg nach links gen Norden ab und folgt einem Höhenzug, vorbei an mehreren einzeln stehenden Häusern. Sobald die Chevalier Bay (und später auch die Anse Lazio) im Blickfeld sind, führt der Weg steil zu den Stränden in der Bucht hinab (Gehzeit in eine Richtung ca. 3 Std.). Eine weitere »Pasquiere Track« genannte Tour führt an einer der schmalsten Stellen der Insel von Grand' Anse zur auf der Nordseite Praslins gelegenen Anse Possession. Am Markt beginnt der ins Landesinnere führende Weg, er steigt steil an auf eine Paßhöhe, von der

aus man einen schönen Blick aufs Meer hat. Ab hier geht es etwa 2 km lang sanfter bergab in Richtung Anse Possession (Dauer ca. 2,5 Std. in eine Richtung). Ab Anse Possession kann man mit dem Bus weiterfahren bis Anse Boudin und von dort zur Anse Lazio laufen oder über Côte d'Or mit dem Bus weiter bis zur Baie Ste. Anne fahren.

Ziele in der Umgebung

Mehrere kleine Inseln umgeben Praslin und können auf Tagestouren (auch mit Übernachtung) besucht werden.

◎ ARIDE UND COUSIN ISLAND
▸ S. 31

◎ CHAUVE SOURIS ISLAND
▸ S. 107, c 2

Vor der kleinen, felsigen Insel vor der Küste der Côte d'Or befinden sich reizvolle Schnorchel- und Tauchgründe. Auf der Insel trifft man gelegentlich auf Besucher (meistens italienischer Nationalität), die in einem der sechs exklusiven Zimmer der Chauve Souris Island Lodge wohnen. Diese luxuriöse Mini-all-inclusive Anlage (Tel. 4 23 22 00, www.igrandiviaggi.it) ist jedoch für jedermann buchbar. Tagesgäste können bei Ebbe sogar durchs Wasser watend bis hierher gelangen.

◎ COUSINE ISLAND ▸ S. 31

◎ CURIEUSE
▸ S. 107, c 1

Nur wenige hundert Meter von Praslin entfernt liegt die 3 qkm große Insel Curieuse, lediglich durch einen Meeresarm von der größeren Schwester getrennt. Die Gewässer rundum sind streng geschützt und bewahren eine reiche Unterwasserwelt. Im 19. Jh. befand sich hier eine Quarantänestation für Leprakranke. Heute stehen davon nur noch einige Ruinen sowie das herrschaftliche Doctor's House, in dem ein kleines Museum (Tel. 2 56 03 88 oder 4 22 51 15, tgl. 9–15 Uhr, Landegebühr 15 €, Kinder frei) eingerichtete wurde. Besucher finden eine artenreiche, interessante Flora, darunter einige »Coco de Mer«-Palmen, vor. Leider wurden große Bestände der ursprünglichen Wälder auf Curieuse in den 1970er-Jahren durch Feuer zerstört, sodass die Vegetation vor allem auf der Praslin zugewandten Seite etwas spärlich wirkt. Dieser Eindruck verschwindet, wenn man auf den angelegten Wegen über die Insel wandert. Zwischen den Büschen kriechen Riesenschildkröten

behäbig umher, auch Mangrovenwälder sind hier noch in großer Zahl vorhanden. Ganz Curieuse ist Teil eines Naturschutzgebietes, die hiesige Flora und Fauna ist streng geschützt. Ein Taxiboot von Praslin hierher kostet rund 20 € pro Person.

◎ ROUND ISLAND ▶ S. 107, e 3

Wer mit dem Boot nach Praslin kommt, fährt automatisch an der fast kreisrunden Insel vorbei, die an der Südostspitze Praslins in der Bucht von Baie Ste. Anne liegt. Nur wenige Menschen können einen Aufenthalt in der äußerst exklusiven und sehr kostspieligen Lodge auf der Insel erleben. Bis 2014 konnte man eine der vier geräumigen Villen oder die ganze Insel für einen königlichen Preis zur Alleinnutzung mieten, seit Februar 2014 wird die

Curieuse (▶ S. 118) ist die Heimat vieler Riesenschildkröten, die gemächlich über die Insel wandern. Kaum zu glauben, dass die Tiere 150 bis 200 Jahre alt werden.

Insel umgebaut – über das neue Konzept und die Änderungen sowie über das neue Eröffnungsdatum informiert die Webseite der Insel. Eins bleibt jedoch sicher: Einmal vor Ort, genießt man herrliche Abgeschiedenheit, den Blick auf Praslin, die herrlichen Sandstrände, romantische Palmenhaine und Granitfelsen, und hat all dies fast für sich allein (Round Island, Tel. 4 67 16 00, www.round-island.net).

◎ ST. PIERRE ▶ S. 107, c 1

Meistens wird in Zusammenhang mit einem Tagesausflug nach Curieuse (Kosten etwa 75 € pro Person) auch die kleine Insel St. Pierre angefahren. Die kleine Felseninsel ist vor allem für ihre grotesken Felsenformationen und ihre faszinierende Unterwasserwelt bekannt. Fast alle Veranstalter von Aus-

flügen legen hier einen Stopp zum Schnorcheln ein. Während die an ihrem langen Schwanz erkennbaren Weißschwanztropikvögel (»pailles-en-queue«) über der Insel ihre Runden drehen, entdecken die Besucher durch ihre Tauchermaske den bunten Fischreichtum – Muränen, Papageien- und Zebrafische – des Indischen Ozeans.

Das Eiland ist unbewohnt und besteht nur aus ein paar zusammengewürfelten Felsblöcken, zwischen denen vereinzelt Palmen und andere Pflanzen wachsen. Bis 1972 wurde auf der Insel Guano (Vogeldung) abgebaut. Die Boote ankern vor der Küste, wer will und es sich zutraut, kann zu den Felsen schwimmen und hinaufklettern. Auf dem Weg nach St. Pierre kommt man an der kleinen Insel **Chauve Souris** vorbei, die eine Ferienanlage beherbergt.

Zwar besteht das unbewohnte Eiland St. Pierre (▶ S. 160) nur aus ein paar zerklüfteten Felsblöcken, dennoch ist es ein ideales Terrain zum Schnorcheln.

SERVICE

ANREISE

Von Mahé fliegen täglich Maschinen der Air Seychelles nach Praslin (Flugzeit 15 Min.). Die Flüge finden etwa im 15-minütigen bis stündlichen Takt statt. Der Flughafen liegt bei Anse Kerlan, nördlich von Grand' Anse. Reservierungen bei Air Seychelles (Tel. 4 23 32 14, 4 38 10 00) oder im Reisebüro, wo man sich auch über das zulässige Höchstgewicht für Reisegepäck informieren sollte, um evtl. Zusatzkosten für Übergewicht zu vermeiden.

Zwischen Inseln kreuzen 6

Ob auf einer gecharterten Tour oder der Fähre zwischen den Inseln Mahé, Praslin und La Digue – eine Bootsfahrt über den Indischen Ozean gehört einfach dazu! Besonders schön ist die Fahrt auf einem hölzernen Segelboot. Mit etwas Glück begleiten Delfine das Boot (▶ S. 14).

Das moderne Schnellboot »Cat Cocos« (www.catcocos.com) verkehrt täglich mindestens zweimal zwischen Mahé und Praslin und braucht für die Strecke etwa 60 Min. Über Abfahrtszeiten informieren die Verkaufsstellen: Mahé, Tel. 4 32 48 43, und Praslin, Tel. 4 23 34 38. Die Einzelfahrt kostet zwischen 50 und 60 € je nach Deckklasse. Für Kinder bis 12 Jahre kostet sie ca. 30 €, Kinder unter 2 Jahren reisen kostenlos. 1 Std. vor Abfahrt gibt es einen Gratis-Transferservice vom internationalen Flughafen zur Abfahrtsjetty auf Mahé. Zahlung in Seychellen-Rupien

oder per Kreditkarte sind möglich. Das Boot kommt an der Jetty in Baie Ste. Anne an, dort fährt es entweder weiter nach La Digue, bzw. von dort starten andere Fähren nach La Digue.

Das Schnellboot »Cat Rose« braucht ca. 15 Min. für die Passage zwischen Praslin und La Digue. Ab hier verkehren täglich Schoner, die Güterladungen zwischen Mahé und Praslin transportieren. Sie nehmen auf Nachfrage auch Passagiere zu einem sehr günstigen Preis mit. Informationen an der Jetty.

ZilAir bietet Inseltransfers sowie Rundflüge an. Informationen gibt es in Victoria unter Tel. 4 37 51 00 oder unter www.zilair.com.

VERKEHR

BOOTE

Täglich verkehren Segelboote und das Schnellboot »Cat Rose« zwischen Praslin und La Digue im 1–2-Std.-Takt. Die Abfahrtszeiten erfährt man im Hotel oder unter Tel. 4 23 23 29. Die Überfahrt dauert 15 Min. Zu den Hauptreisezeiten sollte man reservieren.

BUSSE

Es gibt vier Buslinien auf Praslin. Die Linie 62 führt entlang der Südküste von Baie Ste. Anne über die Anse Marie Louise und Consolation nach Grand' Anse/Zimbabwee. Die Busse der Linie 61 überqueren die Insel auf der Straße, die durch den Nationalpark Vallée de Mai führt, über Grand' Anse bis zur Anse Kerlan hinter dem Flughafen. Eine Einzelfahrt kostet unabhängig von der Entfernung 5 SCR, man erkennt Bushaltestellen an der auf den Asphalt gemalten Markierung »bus stop«.

FAHRRÄDER

Sportliche Urlauber können in den Orten Baie Ste. Anne, Côte d'Or und Grand' Anse Fahrräder von privaten Anbietern für 100 SCR pro Tag mieten. Da die Qualität sehr unterschiedlich sein kann, sollten Sie den Zustand von Bremsen und Reifen vor der Abfahrt genau überprüfen.

MIETWAGEN/AUSFLÜGE

Auf Praslin kann man Autos für die Inselerkundung mieten. Tankstellen (tgl. 6–24 Uhr) gibt es in Grand' Anse und Baie Ste. Anne; die Geschwindigkeitsbegrenzung beträgt 40 km/h, außerhalb von Ortschaften 70 km/h.
Verschiedene Anbieter organisieren Exkursionen auf umliegende Inseln. Informationen gibt es im Hotel oder in den Büros der Veranstalter am Strand, darunter Dream Jacht Charter, Tel. 2 78 00 67, www.dreamyachtcharter. com oder Turnstone Charter, Mike, Tel. 2 51 21 58 oder 2 51 21 38, und Barracuda Boat Charter, Tel. 4 23 23 24 oder 2 51 22 98, die beide auch Hochseeangeln anbieten. Der Taxiboot-Service Sagittarius (Kevin, Tel. 2 51 21 37, Lesley, Tel. 2 57 04 54) fährt tgl. von Côte d'Or aus, bringt Ausflügler z. B. nach St. Pierre, Curieuse, zur Anse Lazio oder Anse Georgette. Beim Besuch dieser Inseln kommen noch 10–35 € Landegebühr zum Preis hinzu.

TAXIS

Über die Hotelrezeption kann man ein Taxi rufen. Der Fahrpreis sollte unbedingt vor Abfahrt ausgehandelt werden. Am Flughafen kann man über Tel. 4 23 34 29 ein Taxi bestellen.

Fahrräder (▶ S. 122) sind bevorzugte Fortbewegungsmittel auf La Digue. Wer sich eins ausleihen will, sollte sich vorher gut über den Zustand informieren.

IHRE MEINUNG
IST UNS WICHTIG!

Wir möchten mit unseren Reiseführern für
Sie und Ihre Reise noch besser werden. Nehmen Sie
sich deshalb bitte kurz Zeit, uns einige Fragen zu
beantworten. Als Dankeschön für Ihre Mühe verlosen wir
traumhafte Preise unter allen Teilnehmern.

1. PREIS
Eine zweiwöchige
Fernreise für zwei
Personen

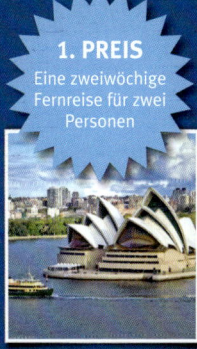

2. PREIS
Wochenend-Trip
in eine europäische
Hauptstadt

3. PREIS
Je einen von
100 Reiseführern
Ihrer Wahl

Mitmachen auf
www.reisefuehrer-studie.de

**Oder QR-Code mit
Tablet/Smartphone
scannen**

MERIAN
Die Lust am Reisen

Im Fokus
Kreolische und koloniale Architektur

Sie liegen inmitten von weitläufigen Ländereien,
sind umgeben von Gärten mit üppiger Blütenpracht
und haben eine palmengesäumte Zufahrt –
die Villen der einstigen Regenten und Großgrundbesitzer.

Leider blieben nur wenige Exemplare erhalten, da die Instandhaltung dieser Holzhäuser aufwendig und kostspielig ist. Zu sehr zehren Regengüsse und die tropische Schwüle mit hoher Luftfeuchtigkeit an den edlen Hölzern und Strukturen. Die zum Bau der kreolischen Herrenhäuser benötigten Edelhölzer standen in den üppigen Wäldern der Inseln zuhauf zur Verfügung. Ähnlichkeiten zur Architektur der Nachbarinseln Mauritius und La Réunion erklären sich durch die geschichtliche Verbindung dieser Inseln zu Zeiten der Besiedelung durch französische Einwanderer.

VERSPIELT UND PRAKTISCH ZUGLEICH

Natürlich galt es, die Bauweise den örtlichen Begebenheiten anzupassen. Um Luftzirkulation zu gewährleisten und vor Schädlingen geschützt zu sein, wurde das Haupthaus häufig leicht erhöht auf Stelzen gesetzt. Ein weiteres typisches Merkmal ist die rundumlaufende Veranda (»varangue«), die den Bewohnern zu jeder Tageszeit ein schattiges Plätzchen

◄ Koloniales Erbe und tolle Filmkulisse:
das Plantation House (► S. 127) auf La Digue.

bietet und die Wände vor direkter Sonneneinstrahlung schützt. Viele Türen und hohe Fenster lassen Licht herein und ermöglichen eine gute Durchlüftung der Räume. Küche und sanitäre Anlagen wurden in Nebengebäuden im Garten untergebracht, so waren die Gefahren von Feuer und Geruch gebannt. Das – früher aus Palmenblättern gedeckte – Dach erstreckt sich über die Veranda hinaus, um Regenwasser gut ablaufen zu lassen und direkt in den Garten zu leiten. Dekorativ und verspielt wirkt die Verzierung der Dachzinnen mit geschnitzten Girlanden, den »lambrequins«. Die Innenausstattung präsentiert sich schlicht, aber edel. Wertvolle, mit Intarsien verzierte Möbelstücke zeugen vom einstigen Reichtum an Edelholzbäumen. Einige Kolonialhäuser sind der Öffentlichkeit zugänglich: Kenwyn House in Victoria, die Maison St. Joseph südlich des Flughafens (Sitz des Institi Kreol), das Anwesen Grann Kaz des Village artisanal (► S. 41) oder die St. André Plantage an der Südostküste von Mahé. Auf Silhouette kann man das Doctor's House besichtigen, auf La Digue lassen sich das Yellow House der La Digue Lodge oder das Château St. Cloud zumindest von außen bewundern.

STEINHÄUSER UND »CASES CREOLES«

Bei den meist von den Briten errichteten Verwaltungsgebäuden dominiert Stein als Baumaterial, so auch beim Château St. Cloud. Weitere sehenswerte Beispiele liegen im Zentrum von Victoria: das Hauptpostamt sowie das Carnegie House oder das State House, die ehemalige Gouverneursresidenz (leider nicht zu besichtigen). Nur eine Handvoll privilegierter Menschen lebt heute in solchen Villen aus Holz oder Stein, Firmen nahmen sich der Renovierung einiger alter Villen an, so manches Haus verfällt. Der größte Teil der Bevölkerung muss mit Betonhäusern oder sogenannten cases vorliebnehmen, bunt angemalten, einfachen Unterkünften aus Holz oder Wellblech, die über ein gemütliches Innenleben, einen Winkel für die Mutter Gottes und einen in allen Farben blühenden Vorgarten verfügen. Klimaanlagen sind unbekannt, Glas in den Fenstern eine Seltenheit, vielmehr stehen Fenster und Türen stets offen, – so ist es innen kühl und gut belüftet.

Um der Wohnungsnot entgegenzuwirken, lebt heute ein Großteil der Bevölkerung in gesichtslosen Siedlungen auf neu gewonnenem Land an der Ostküste Mahés. Architektonische Highlights sucht man hier vergeblich.

LA DIGUE UND INNER ISLANDS

*Mit ihren Korallenstränden und einsamen Buchten muten
La Digue und die kleineren Granitinseln an, als lägen
sie im Dornröschenschlaf. Sie sind der Inbegriff tropischer
Trauminseln und bieten Fotomotive im Überfluss.*

La Digue, die viertgrößte der Seychelleninseln, zählt etwa 2500 Seelen.
Hier geht alles einen geruhsamen Gang. Die meisten Bewohner bewegen
sich per Fahrrad oder zu Fuß über die Insel, denn die Entfernungen sind
überschaubar. Erst seit 1996 wurden die wenigen Straßen befestigt. Bis
heute werden privat genutzte Autos nicht zugelassen, motorisierte Zwei-
räder sind gar nicht erlaubt. Trotzdem nimmt die Zahl der Autos mit den
Jahren immer mehr zu: Taxis, mehrere zu offenen Bussen umfunktio-
nierte Pritschenwagen, sowie Lieferwagen, elektrische Golfwagen und
Traktoren fahren auf der Insel.
Seinen Namen erhielt die Insel 1768, als das Schiff »La Digue«, das zur
Flotte des französischen Seefahrers und Forschers Marc-Joseph Marion
du Fresne gehörte, hier anlegte. Heute ist sie vor allem für ihre wunderschönen Strände und Buchten bekannt, die u. a. Werbefirmen aus aller

◄ Seit eh und je karren Ochsengespanne
(► S. 127) Menschen und Waren über La Digue.

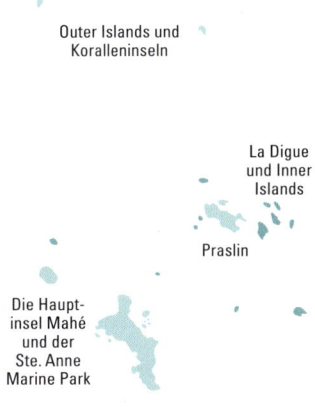

Outer Islands und
Koralleninseln

La Digue
und Inner
Islands

Praslin

Die Haupt-
insel Mahé
und der
Ste. Anne
Marine Park

Welt für ihre Werbespots nutzen. Wackelige, sich aber stramm in die Dünung legende Schoner beförderten noch bis vor ein paar Jahren die Menschen nach La Digue. Mittlerweile gelangen diese in modernen Motorkatamaranen von Praslin in 15 Min. hierher. Direkt von Mahé segelt das Schnellboot »Cat Cocos II« in 1 Std. 10 Min. zum romantischen Inselhafen; falls es über Praslin nach La Digue fährt, benötigt es 1,5 Std. (www.catcocos.com), ansonsten bleibt nur der Hubschrauber – ein eher kostspieliges Vergnügen.

FAHRRÄDER UND OCHSENKARREN

Touristen treffen jedoch täglich ein, mieten ein Fahrrad oder lassen sich im Ochsenkarren über die Insel kutschieren. Letzteres Transportmittel gilt als das Aushängeschild der Insel, denn bis in die 1990er-Jahre wurden fast nur solche Gespanne zum Transport von Waren oder Gepäck eingesetzt. Seit einige Straßen befestigt wurden, setzt dies den Hufen der Ochsen zwar etwas mehr zu, trotzdem verkehren immer noch zahlreiche Karren, die aber fast ausschließlich Romantik suchende Touristen befördern. Meist geht es zum Union Estate, einer ehemaligen Kokos- und Vanillepflanzung im Süden. Die kleine Plantage erwacht dann zum Leben; müde erhebt sich der Ochse an der Kokosmühle und dreht ein paar Runden, selbst das mit Palmenwedeln gedeckte Plantation House, das bereits mehrfach als Filmkulisse diente und gelegentlich vom Präsidenten oder von Staatsgästen bewohnt wurde, scheint zu neuem Leben zu erwachen – sein Inneres bleibt jedoch der Öffentlichkeit verborgen.
Alles ist einfach und übersichtlich auf La Digue, auf großen Komfort sollte man allerdings verzichten können. Die meisten Unterkünfte sind schlicht, nur die La Digue Island Lodge, die Domaine de l'Orangeraie, das neue Boutiquehotel Le Repaire und das Château St. Cloud bieten Service der gehobeneren Kategorie an. Im Allgemeinen überwiegen kleine Hotels, Gasthäuser, Bungalows für Selbstversorger und Familienpensionen.

Das Siedlungsgebiet konzentriert sich auf die Westküste und das dahinterliegende Flachland. Je weiter man nach Norden kommt, desto spärlicher werden die Behausungen. Auf der Ostseite und im Süden fehlen sie ganz. Dafür findet man rund um die ganze Insel verteilt naturbelassene Traumstrände, die fast zu schön sind, um wahr zu sein. Die jahrtausendelang vom Regen und Witterung ausgewaschenen Granitfelsen der Anse Source d'Argent, die direkt hinter dem Union Estate liegt, wirken wie fürs perfekte Urlaubsfoto zurechtgerückt, der weiße Sandstrand wird von kristallklarem Wasser umspült. Ungebändigter präsentiert sich der Ozean an der Ostküste, wo die Brandung an den vier Stränden Anse Songe, Grande Anse, Petite Anse und Anse Coco gefährlich gegen die Felsen schlägt und ein Badevergnügen meist unmöglich macht. Hier sollte man die Warnschilder sehr ernst nehmen, an der Anse Coco nur an geschützten Stellen ins Wasser gehen und auf keinen Fall hinausschwimmen.

Auf La Digue gibt es nur wenige Restaurants außerhalb von Gästehäusern und Hotels. Nachts sollte man eine Taschenlampe mitführen, da es keine Straßenbeleuchtung gibt und die Räder kein Licht haben. Es ist ebenfalls ratsam, einen Tisch zu reservieren, da viele Gästehäuser nur auf Bestellung kochen. Sehr beliebt ist die Terrasse der Domaine de l'Orangeraie

Bizarr geformte Granitblöcke, Palmen, puderfeiner Sand und türkisfarbene Meeresfluten machen den Zauber der Anse Source d'Argent (▶ S. 129) aus.

mit ihrer Lounge-Bar unterm Sternenhimmel. Richtige Abendunterhaltung sucht man auf La Digue vergebens, es sei denn, man interessiert sich fürs Glücksspiel im örtlichen Casino, das jedoch klein und überschaubar ist und vor allem aus einarmigen Banditen besteht. Am Wochenende hat in der Nähe des Hafens regelmäßig die Disco La Noche geöffnet, wo man sich unter die Einheimischen mischen kann.

ZU SCHÖN, UM WAHR ZU SEIN

Wirkliche Sehenswürdigkeiten im klassischen Sinne bietet La Digue nicht, trotzdem verzaubert die Insel jeden Besucher mit ihrem klaren Licht, den Kontrasten zwischen dichter, grüner Vegetation und blütenweißen Stränden sowie mit ihren Traumbuchten. Die pittoresken Granitfelsen lassen jeden Strand zu einem Postkartenmotiv werden, was auch viele Werbefotografen anzieht. Auch die Vergangenheit ist auf La Digue vielerorts lebendig, in den halbverfallenen Holzhäusern am Straßenrand ebenso wie auf dem alte Friedhof beim Union Estate. Vor allem aber sind es die lässige Stimmung und die ruhige Gangart der Inselbewohner, die gemächlich mit dem Fahrrad über die Inselwege kurvt, die dafür sorgen, dass man hier den Alltagsstress für einige Zeit hinter sich lassen kann.

LA DIGUE  ▶ Klappe vorne, C 3

Karte ▶ S. 131

SEHENSWERTES

Anse Source d'Argent ▶ S. 131, a 4

Die kleinen, von gewaltigen Granitblöcken eingerahmten Minibuchten der »Quelle des Silbers«, wie der berühmteste Strand von La Digue wörtlich übersetzt heißt, ziehen Besucher magisch an. Die Anse Source d'Argent ist ein Bilderbuchstrand und dazu einer der meist fotografierten der Welt. Obwohl man im seichten Wasser kaum schwimmen kann, fasziniert es mit seiner Klarheit und betörenden Farbschattierungen. Beim Waten durchs kniehohe Wasser kann man mit etwas Glück Baby-Riffhaie beobachten, die stetig schwimmend im geschützten seichten Wasser heranwachsen und völlig harmlos sind. Der Strand ist pulvrig und sauber, Granitblöcke und Palmen bieten ausreichend Schatten. Jedoch sollte man möglichst früh vor Ort sein, um einen dieser begehrten Plätze zu ergattern. Fahrräder müssen am Eingang des Pfades, der hinter den Felsen entlangführt, abgestellt werden. Um zur Anse Source d'Argent zu gelangen, muss man den Union Estate (▶ S. 130) durchqueren, für den ein Eintrittspreis zu entrichten ist. Ein hübsches Mittagsrestaurant sowie mehrere Frucht- und Saftstände bieten Stärkungen und Erfrischungen an.

🕐 Wenn alle Tagesbesucher gegangen sind, herrscht an den Traumstränden der Anse Source d'Argent eine paradiesische Ruhe. Denken Sie aber unbedingt an eine Taschenlampe für den Rückweg durch die Dunkelheit!

Wollen Sie's wagen?

Von einer Wanderung um die Süd-spitze La Digues träumt mancher Inselfreund, hier gibt es jedoch keinen markierten Pfad. Wer aber kletter-freudig ist, einen guten Orientie-rungssinn, Ausdauer und Schneid hat, kann über Felsen kraxeln, durchs seichte Wasser von Buchten waten und zwischen urwaldähnlichem Gestrüpp hindurch zwischen der Anse Source d' Argent und der Grand' Anse der Küste folgen. Viel Zeit, viel Was-ser, Mückenschutz und eine gute Inselkarte gehören in den Rucksack – man sollte vorher unbedingt eine Per-son über seine Wanderpläne infor-mieren und das Wetter sowie die Gezeiten bedenken. Oder nehmen Sie sich einen einheimischen Guide, z. B. den freundlichen Henry Bibi (Tel. 2 58 05 33), der mit Ihnen wandert und viele interessante Dinge am Wegesrand erklären kann.

Grand' Anse ▶ S. 131, b 3/4

Trotz des leicht hügeligen Geländes sollte man sich eine Wanderung, Rad-tour oder einen Ausflug mit dem Och-senkarren oder Taxi zu einem der schönsten Strände auf La Digue nicht entgehen lassen. Die größtenteils beto-nierte Straße, die jedoch wenig befah-ren ist, führt durch urwaldähnlichen Inselbewuchs an die Südostküste, wo die feinsandige Bucht von Grand' Anse von gewaltigen, aufgetürmten Granit-felsen eingerahmt wird. Das Meer ist je nach Saison wenig bis stark bewegt, vor allem im europäischen Sommer

herrscht starker Wellengang. Wegen gefährlicher Strömungen sollte man trotz aller Versuchung ganzjährig auf ein Bad in den Fluten verzichten. Die Stimmung ist vor allem am frühen Morgen und am Tagesende einmalig, wenn man den Strand fast für sich al-lein hat – allerdings gibt es entlang der Strecke keinerlei Beleuchtung. Denken Sie also an eine Taschenlampe und auch an ausreichend Sonnenschutz-mittel, da der Strand keinerlei Schatten bietet. Eine Erfrischung und eine typi-sche kreolische Mahlzeit kann man im schattigen Loutier Coco Restaurant di-rekt hinter dem Strand einnehmen, dort, wo man auch die Fahrräder ab-stellen muss. Wer die Tour zu Fuß oder mit dem Rad durchführt, braucht et-was Kondition (und viel Wasser). Man benötigt von der Jetty in La Passe für eine Wegstrecke (ca. 4 km) 30 Min. mit dem Rad und mindestens 2 Std., wenn man zu Fuß unterwegs ist. Der Wan-derweg zur Anse Coco startet an der Grand' Anse.

Union Estate ▶ S. 131, a 3

Auf dem Gelände einer alten Kokos-und Vanilleplantage erwartet den Be-sucher eine traditionelle, ochsenbetrie-bene Ölmühle, eine Kopra-Fabrik, ein Geschäft mit heimischen Produkten, ein 40 m hoher Granitfelsen, dessen Alter auf rund 700 Millionen Jahre ge-schätzt wird, sowie ein Gehege mit über 25 Aldabra-Landschildkröten, ein spannender Piratenfriedhof und eine historische Bootswerft. Ein Spazier-gang oder eine Radtour über die sandi-gen Wege durch den Palmenhain sind auch ohne Besichtigungsprogramm sehr schön. Den Mittelpunkt der Anla-

La Digue

0   1,2 km

N

a   b

Anse Patates
Anse Sévère
Anse Gaulettes
Pointe Cap Barbi
Praslin
Anse Grosse Roche
La Passe
Krankenhaus
Anse Banane
Mahé
Anse La Réunion
St. Mary
La Réunion
Belle Vue
Anse Fourmis
La Digue Veuve Reserve
Nid d'Aigle
La Digue Island
Anse Caiman
Plantation House
Union Estate
Roche Bois
Anse Union
Pointe Ma Flore
Anse Cocos
Pointe Source d'Argent
Citadelle 150
La Retraite
Pointe Turcy
Anse Source d'Argent
Petite Anse
Anse Pierrot
Grand' Anse
Pointe Bélize
Anse Songe
Pointe Canon
Anse Bonnet Carré
Grand Cap
Pointe Jacques
Anse Marron
b   c

© MERIAN-Kartographie

ge bildet das strohgedeckte Plantation House im französischen Kolonialstil, das bis ins 19. Jh. im Besitz der vermögenden Familie Hossen war. In dem restaurierten Plantagenhaus wurde einst einst der Erotik-Film »Good bye Emmanuelle« gedreht. Einige hundert Meter weiter gelangt man zum Open-Air-Restaurant Lanbousir und kurz darauf an die herrlichen Strände der Anse Source d' Argent, wo man in einer der kleinen Einbuchtungen zwischen den Felsen wunderbar relaxen kann.

Eintritt 100 SCR oder 10 €, Kinder frei

La Veuve Special Reserve ▶ S. 58

Wanderung zur Anse Coco auf La Digue

Durch urwaldähnliches Gebüsch führt ein gut ausgetretener Weg über Stock und Stein, unterwegs gibt es tolle Fotomotive und schöne Ausblicke. Am nördlichen Ende der Anse Coco lockt Badevergnügen in einem von Felsen geschützten Bereich (▶ S. 15).

ÜBERNACHTEN

Anse Sévère Beach Villa ▶ S. 23

Bois d'Amour Guesthouse ▶ S. 131, a 2

Herrlicher Garten – Kleine Anlage im Landesinneren, deren deutschsprachige Besitzer sich liebevoll um die Gäste kümmern. Die aus Holz erbauten Doppelbungalows haben eine voll eingerichtete Küche, angenehme Schlafräume und schöne Terrassen. Umgeben sind sie von einem tropischen Garten, in dem Bananen, Mangos oder Brotfrucht gedeihen: Mit den kostenlos zur Verfügung gestellten Fahrrädern ist man schnell an den Stränden und am Hafen. Reinigung erfolgt täglich, sodass Bungalows und Garten makellos gepflegt sind. Verpflegung auf Wunsch.
Anse La Réunion | Tel. 4 23 44 90 | www.boisdamour.de | 6 Appartements in Doppelbungalows | €

Calou Guesthouse ▶ S. 131, a/b 2

Freundliche Zimmer – Kleine, ruhig gelegene Familienpension in deutschem Besitz mit einfachen, aber sauberen Zimmern in palmengedeckten Bungalows etwa 1 km von der Westküste entfernt. Ein kleines Restaurant sorgt fürs leibliche Wohl der Gäste.
La Passe | Tel. 4 23 40 83 | www.calou guesthouse.com | 5 Bungalows | €€

Casa de Leela ▶ S. 131, a 2

Gute Lage – Drei Bungalows und vier komfortable, modern und bestens ausgestattete Selbstversorgerappartements in zentraler, jedoch ruhiger Lage, eingebettet in einen schönen Garten. Die freundlichen Besitzer helfen bei Fragen jeder Art und halten die Anlage gut in Schuss. Es gibt einen kleinen Pool, Klimaanlage und Internetzugang. Die Zimmer werden täglich gereinigt, Strandtücher liegen bereit. Frühstück und Abendessen werden auf Wunsch gegen Aufpreis im Zimmer serviert.
Anse La Réunion | Tel. 4 23 41 93 | www.casa-de-leela.de | 7 Wohneinheiten | €€

Château St. Cloud ▶ S. 131, a 2

Hübscher Kolonialstil – Stilvoll renovierte Villa aus dem 19. Jh. mit blauweiß getünchtem Hauptthaus aus Granitgestein und neuen Nebengebäuden. Die klimatisierten Zimmer sind luxuriös und komfortabel, das Restaurant unter schattigen Bäumen oder in einem zu allen Seiten hin geöffneten Raum ist auch bei Tagesbesuchern sehr beliebt. Dreimal in der Woche gibt es Livemusik bzw. Vorführungen während des Abendbuffets, bei dem auch Besucher willkommen sind. Zur Anlage gehört außerdem ein Swimmingpool.
St. Cloud, Anse La Réunion | Tel. 4 29 54 00 oder 4 23 43 46 | www. chateaustcloud.sc oder www.seychelles. net/stcloud | 14 Zimmer | €€€

Im entzückenden Yellow House (▶ S. 133), einem kreolischen Holzhaus mit gelbem Anstrich, kann man auch übernachten. Die Zimmer sind allerdings winzig.

La Digue Island Lodge ▶ S. 131, a 2

Traditionshaus in Toplage – Die Bungalowanlage liegt inmitten des Hauptsiedlungsgebiets La Passe/Anse Réunion. Allabendlich kann man die Sonne wie einen glühenden Ball hinter Praslin untergehen sehen und zu diesem Naturschauspiel einen erfrischenden Cocktail am kleinen Pool genießen. Im Restaurant stehen die Tische im Sand, die Atmosphäre ist locker und ungezwungen. Wöchentlich werden Gratisexkursionen (u. a. nach Coco Island oder Félicité) angeboten. Zum Komplex gehören strohgedeckte Chalets, Bungalows und andere Gebäude, darunter das um 1900 erbaute, viel fotografierte Yellow House, ein traditionelles kreolisches Holzhaus und nationales Denkmal der Seychellen. Es gibt auch vier großräumige, einsam gelegene Holzbungalows für bis zu sechs Personen auf dem Gelände des Union Estate, die L'Union Chalets, sowie gut ausgestattete Selbstversorger-Appartement mit Namen Gregoire's an der Straße, die um das Hotelgelände herumführt.
Anse La Réunion | Tel. 4 29 25 25 | www. ladigue.sc | 69 Chalets und Zimmer | €€€€

La Diguoise ▶ S. 131, a 2

Ruhige Lage – Hübsche Pension an einem Seitenweg, inmitten eines üppig tropischen Gartens. Sehr persönlich geführt: Die Besitzer kümmern sich mit Hingabe um das Wohl der Gäste, bekochen sie und vermieten auch Fahrräder, mit denen man in weniger als 5 Min. zum Strand der Westküste gelangt. Kleiner Pool, Restaurant mit guter kreolischer Küche.
Anse La Réunion | Tel. 4 23 47 13 | www.diguoise.com | 10 Zimmer | €

Domaine de l'Orangeraie ▶ S. 131, a 1

Modernster Komfort – Es gibt viel Wasser in und um dieses beliebte Hotel nahe dem Hafen von La Digue. Stilvoll und modern eingerichtete Villen, Apartments und Zimmer prägen die wunderschöne Anlage. Die Restaurants und Bar zeichnen sich ebenfalls durch ihre pittoreske Lage am Wasser aus. Es gibt einen Infinity-Pool, einen Wellness-Bereich in aussichtsreicher Höhenlage mit Massagen und vielfältigen Beauty-Anwendungen. Strand und Einkaufsmöglichkeiten befinden sich in Fußnähe. Hotelboutique, kostenloser Fahrradverleih, Frühstück in den Apartments auf Anfrage. Frühe Buchung wird empfohlen!

🕐 Abends sitzt man zu sanfter Loungemusik und zum Plätschern der Wellen sehr stilvoll und gemütlich unter dem Sternenhimmel in der Bar, die vom Pool bis auf den Strand hinauf gebaut ist. Ein leckerer Cocktail oder frischer Fruchtsaft gehören natürlich dazu.
Anse Sévère | Tel. 4 29 99 99 | www.orangeraie.sc | 41 Zimmer und Appartements für Selbstversorger | €€€€

Die Ferienanlage Domaine de l'Orangeraie (▶ S. 134) punktet mit einer tollen Lage und einem traumhaften Pool, der fast nahtlos ins Meer überzugehen scheint.

Le Domaine les Rochers

▶ S. 131, b 2

Modern und schön gelegen – Drei Doppelbungalows und mehrere komfortable, gut ausgestattete Selbstversorgerapartments nicht weit vom Fähranleger in La Passe in zentraler, jedoch ruhiger Lage, eingebettet in einen schönen Garten. Die freundlichen Besitzer helfen bei Fragen jeder Art und halten die Anlage gut in Schuss. Es gibt Außenduschen, Gartenliegen, Klimaanlage und Internetzugang. Die Zimmer sind geschmackvoll eingerichtet. Auf einer großen Terrasse kann man speisen und entspannen.

La Passe | Tel. 4 23 53 34 | www.domainelesrochers.com | 9 Wohneinheiten | €€

Fleur de Lys

▶ S. 131, a 2

Ruhig und gepflegt – Rund um den tropischen Garten verteilen sich die schönen, klimatisierten Bungalows mit gut ausgestatteter Küchenzeile sowie getrenntem Wohn- und Schlafbereich. Sie liegen einige Meter von der Küstenstraße zurückversetzt an einem ruhigen Sandweg, unweit der Geschäfte und Restaurants. Auf Wunsch wird an Wochentagen auch Frühstück und Abendessen serviert. Fahrräder stehen zur Verfügung.

Anse La Réunion | Tel. 4 23 44 59 | www.fleurdelys-seychellen.de | 4 Bungalows | €€

Hotel L'Océan

▶ S. 131, b 1

Herrlicher Ozeanblick – Das kleine Mittelklassehotel liegt am Nordzipfel von La Digue und bietet herrliche Blicke auf die vorgelagerten Inseln. Von jedem der geräumigen Zimmer ge-

nießt man einen tollen Blick aufs Meer. Ansprechendes Restaurant. Ausflüge in die Umgebung werden auf Wunsch organisiert.

Anse Patates | Tel. 4 23 41 80 | www.hotelocean.info | 8 Zimmer | €€

Kot Babi Guesthouse

▶ S. 131, a 4

Gutes Preis-Leistungs-Verhältnis – Zentral gelegene Anlage mit Charme und sauberen Zimmern. Der Besitzer kocht selbst; seine kreolischen Gerichte munden vorzüglich. An den Wochenenden kann es abends etwas lauter werden, wenn Musik aus den umliegenden Häusern herüberschallt.

La Passe | Tel. 4 23 47 47 | www.kotbabi.sc | 8 Zimmer | €€

Chez Marston

▶ S. 131, a/b 2

Eine Institution – Wer Gastgeber Marston nicht kennt, kennt La Digue nicht! Der Besitzer, ein ungezähmter Sprössling aus der alteingesessenen St.-Ange-Familie, ist zwar auf seine alten Tage etwas ruhiger geworden, verfügt jedoch über ein schier unerschöpfliches Repertoire an abenteuerlichen Geschichten. Das Gästehaus mit sauberen Doppelzimmern liegt zentral an der Küstenstraße von La Passe. Die Küche ist empfehlenswert.

La Passe | Tel. 4 23 40 23 | www.chezmarston.com | 5 Zimmer und 8 Appartements | €

Paradise Flycatcher's Lodge

▶ S. 131, a 2

Nahe der Anse Source d'Argent – Vier geräumige Doppelbungalows am südlichen Ende von Anse Réunion in einem Garten, der nur durch den Uferweg vom Strand getrennt ist. Die Zimmer

Anlage sind klimatisiert, Wohnraum und Küche teilt man mit den Mietern der Doppelbungalowhälfte.

Anse La Réunion | Tel. 4 23 44 23 | www.paradise-flycatcher.com | 4 Bungalows à 2 Zimmer | €€

Patatran Hotel ▶ S. 131, b 1

Tolle Schnorchelbucht – Das Hotel in herrlicher Lage liegt im Norden, ca. 1 km vom Hafen entfernt, hinter der kleinen Bucht Anse Patates, an der man bei ruhigem Wellengang gut schnorcheln kann. Von allen Zimmern blickt man über den Ozean auf die Inseln Félicité, Marianne, Grande und Petite Sœur; man schläft in Himmelbetten mit Moskitonetz. Die Bungalows und Zimmer im Haupthaus wurden neu eingerichtet und verfügen über modernen Komfort. Zum Hotel gehört ein kleines Restaurant mit Meerblick und guter kreolischer Küche. Wer hier seine Flitterwochen verbringen will, bucht am besten die romantische Honeymoon Suite.

Anse Patates | Tel. 4 29 43 00 | www.patatranseychelles.com | 18 Zimmer | €€

Le Repaire Boutique Hotel ▶ S. 131, a 2

Italienischer Touch – Kleine Anlage direkt am Strand im südlichen Ortskern der Insel. Die liebevoll eingerichteten Zimmer haben Chic, Stil und bieten Komfort (Klimaanlage und Ventilatoren). Das Frühstück ist reichlich, abends bietet das À-la-carte-Restaurant frische und mit Pfiff zubereitete italienische Gerichte. Es gibt einen kleinen Pool, bei der Organisation von Fahrrädern oder Ausflügen wird gern geholfen.

Anse La Réunion | Tel. 4 23 43 32 | www.lerepaireseychelles.com | 9 Zimmer | €€€

Rising Sun Guesthouse ▶ S. 131, a 2

Sauber und praktisch – Die einfache Unterkunft liegt etwas abseits im Inselinneren an einer ruhigen Straße. Das von einer einheimischen Familie geführte Gästehaus bietet funktional eingerichtete Zimmer für Paare und Familien ohne große Ansprüche. Eine Klimaanlage ist vorhanden. Das Frühstück wird in einem kleinen, offenen Raum serviert, auf Wunsch werden auch am Abend kreolische Gerichte serviert.

Anse La Réunion | Tel. 4 23 40 17 | www.risingsun.sc | 7 Zimmer | €

Tournesol Guesthouse ▶ S. 131, a/b 2

Im Grünen gelegen – Einheimisches kleines Gästehaus mit Zimmern in Einzel- und auch Doppelbungalows. Die Anlage liegt in einem Garten nur etwa 500 m von der Westküste entfernt. Das angeschlossene Gartenrestaurant bietet gute kreolische Küche.

La Passe | Tel. 4 23 41 55 | www.ile-tropicale.fr/tournesol | 6 Zimmer | €

Villa Authentique ▶ S. 131, a/b 2

Preiswerte Herberge – Im Inselinneren, am Fuße des Berges, aber doch unweit der Ortschaft La Passe befindet sich diese kleine Familienpension mit sehr gutem Restaurant. Die Zimmer (in Bungalows und im Haupthaus) sind sauber und einfach. Ausflüge auf die Nachbarinseln werden auf Wunsch organisiert. Verleih von Rädern, Organisation von Touren.

La Passe | Tel. 4 23 44 13 | 6 Zimmer | €

Villa Creole Self Catering ▶ S. 131, a 2

Mit Privatstrand – Schöne Selbstversorgerbungalows in einem Garten. Die vier Einzelvillen stehen zwar recht eng zusammen, sind jedoch alle nur durch die kleine Straße von dem zur Anlage gehörenden Strandabschnitt entfernt und bieten von der Terrasse Meerblick. Die Einrichtung ist hübsch und zweckmäßig, der Empfang freundlich.

Anse La Réunion | Tel. 4 23 41 05 | www.seychellen-villa-creole.com | 4 Villen | €€

ESSEN UND TRINKEN

RESTAURANTS

Chez Jules 🚩 ▶ S. 131, c 2

Lässig und locker – Hier sitzen die Gäste auf einfachen Holzbänken direkt am Meer und genießen die lässige Atmosphäre. In der kleinen, offenen Strandhütte, in der Bananenstauden und Kokosnüsse vom Palmenblätterdach herunterhängen, zaubern der Besitzer und seine Frau hervorragende frisch gemixte Obstsäfte und tolle Gerichte wie z. B. den hoch gelobten Oktopussalat, Toasts oder verschiedene Curries. Das einfache, authentische Restaurant lohnt den Weg mit dem Rad um die Nordspitze der Insel bis zur Anse Banane im Nordosten.

Anse Banane | Tel. 4 23 42 87 | €

The Fun Park, Tarosa Restaurant
▶ S. 131, a/b 2

Beliebter Treff – Im Casino unweit der Bootsanlegestelle empfängt das kleine Restaurant Gäste. Es ist ein angenehmer Treffpunkt zum Frühstücken, Nachmittagsplausch oder zum Ausruhen bei einem Getränk nach einer aus-

Wer im Patatran Hotel (▶ S. 136) wohnt, ist dem Meer ganz nah. Alle Zimmer haben Blick auf die Anse Patate, die überdies ein tolles Schnorchelrevier ist.

giebigen Radtour über Stock und Stein. Kreolische und internationale Küche. Freitags gelegentlich Livebands.

La Passe | Tel. 4 23 44 07 | tgl. 11–22 Uhr | €€

Loutier Coco Restaurant ▸ S. 131, b/c 4

Einzige Adresse vor Ort – Kleine Snackbar unter offenem Palmendach, direkt am Strand von Grand' Anse. Die Küche bietet Tagesgerichte, Mittagsbuffet und Salate. Kühle Getränke sind stets vorhanden.

Grand'Anse | Tel. 2 51 47 62 | tgl. 9–17 Uhr | €€

Pizzeria im Le Repaire Beach Hotel 🚩 ▸ S. 131, a 2

Mediterrane Atmosphäre – Der italienische Chefkoch Remo zaubert die besten Pizzen des Indischen Ozeans auf den Tisch. Südliches Flair, Kulinarik und Lebensart zeichnen dieses beliebte Restaurant aus, in dem es nicht nur Pizza und Pasta, sondern auch andere mediterrane Köstlichkeiten gibt. Vom Tisch aus hat man noch dazu einen herrlichen Blick aufs Meer und kann das beeindruckende Farbenschauspiel des Himmels bei Sonnenuntergang bewundern.

Anse La Réunion | Tel. 4 23 43 32 | www.lerepaireseychelles.com | tgl. außer Di-mittag | €€

Zerof Bar & Restaurant ▸ S. 131, a 2

Von Mama gekocht – Hübsches kreolisches Restaurant mit Sitzgelegenheit im Garten und preiswerten landestypischen Gerichten. Mittwochs und sonntags wird ein kreolisches All-you-can-eat-Buffet aufgetischt. Es gibt auch vier Gästezimmer.

Anse La Réunion | Tel. 4 23 44 39 | tgl. Mittags- und Abendtisch | €

EINKAUFEN

Zwei Galerien bieten Ölgemälde, Seidenmalerei, Schmuck und viele andere Kunstwerke an. Von hoher Qualität sind die Werke der bekannten Malerin Barbara Jenson (▸ Im Fokus, S. 60), die seit über 15 Jahren auf den Seychellen lebt und arbeitet. Angeschlossen an ihr Wohnhaus und Atelier befindet sich unweit der Kirche von Anse Réunion das Barbara-Jenson-Studio. An der Anse Grosse Roche im Osten von La Digue bietet eine Kunstgalerie Werke von George Camille zum Verkauf, einem auf Mahé geborenen Künstler, der sich auf handbedruckte Seide und farbenfrohe exotische Gemälde spezialisiert hat.

KULTUR UND UNTERHALTUNG

Am Wochenende finden an unterschiedlichen Orten Feste und Tanzabende statt. Freitag- und Samstagabend öffnet die La Noche-Disco ihre Pforten, im Tarosa Restaurant in La Passe am Hafen ist auch viel los. Über die einzelnen Veranstaltungen informieren Aushänge an Bäumen und Gebäuden. 2005 eröffnete nahe dem Hafen ein Casino.

AKTIVITÄTEN

Trek Divers Scuba Diving ▸ S. 131, a/b 2

PADI-Tauchschule mit kleinem Infostand. Täglich mehrere Tauchfahrten sowie Kurse aller Stufen. Günstige Preise. Mehrtägige Tauchtouren mit einer Privatjacht sind möglich, es werden auch Fahrten zu vielen Inseln und Tauchplätzen angeboten.

La Passe, südl. des Fähranlegers | Tel. 2 51 30 66 oder 2 58 76 77 | www.trek divers.com

Radtour in den Norden von La Digue

Die Straße in den ruhigen Norden der Insel führt die meiste Zeit am Wasser entlang und weist nur geringe Steigungen auf. Auch Läden oder Einkehrmöglichkeiten gibt es kaum, sodass man die Sandbuchten am Wegesrand in aller Ruhe genießen kann (▶ S. 15).

SERVICE

AUSKUNFT

STB ▶ S. 131, a 2

La Passe | Am Fährhafen | Tel. 4 23 43 93

BOOTE

Das Schnellboot »Cat Rose« fährt in 15 Min. zwischen Praslin und dem Hafen in La Passe auf La Digue. Die Fahrt kostet etwa 200 Rupien pro Strecke, bzw. 100 Rupien für Kinder zwischen 2 und 11 Jahren. Direkt von Mahé segelt das Schnellboot »Cat Cocos II« in 1 Std. 10 Min. nach La Digue. Falls es über Praslin fährt, benötigt es 1,5 Std. (Informationen unter www.catcocos.com oder unter Tel. 4 32 48 43).

Die direkte Verbindung zwischen Mahé und La Digue kostet mit dem Schnellboot »Cat Cocos II« einfach zwischen 60 und 75 €, je nach Deckklasse, bzw. ab 30 € für Kinder.

FAHRRÄDER

Mehrere Fahrradhändler in La Passe und Anse Réunion bieten Räder für In-

Aus Palmwedeln lassen sich allerlei hübsche und praktische Souvenirs herstellen, darunter geflochtene Sonnenhüte, die auf den Märkten verkauft werden.

Wollen Sie's wagen?

3,5 Std. benötigt ein traditioneller Segelschoner für die Fahrt zwischen Mahé und La Digue oder Praslin. Schaukelig und abenteuerlich kann es werden, und bei Wellengang sollte man nicht wasserscheu sein. Waren sie bis Anfang des 21. Jh. die einzige Reisemöglichkeit, transportieren diese Holzboote heute fast nur noch Güter, sodass die wenigen Mitreisenden zwischen Kisten und anderer Cargoladung Platz finden müssen. Sie sind günstiger als die modernen Schnellboote; vor allem für die Fahrt nach Mahé gilt es sehr früh am Abfahrtskai zu sein. Zwischen 3 und 5 Uhr morgens starten die Boote von Praslin und La Digue, bieten dafür einen tollen Sonnenaufgang auf dem Meer, die Begleitung von fliegenden Fischen oder Delfinen, viel Ruhe und eine frische Brise!

selerkundungen an. Die Preise liegen zwischen 100 und 150 Rupien pro Tag, Schlösser gibt es nicht immer. Es empfiehlt sich daher, sich den Abstellort des Leihrades genau zu merken und dieses nachts möglichst nicht vor einer Bar oder an der Straße abzustellen, da sich vorbeigehende Besucher gelegentlich für die Rückfahrt irgendein nicht abgeschlossenes Fahrrad »ausleihen«. Zwar finden sich die Räder wieder, aber der Rückweg im Dunkeln ist oft lang und nicht ungefährlich. Deshalb sollten Sie, wenn Sie abends unterwegs sind, unbedingt eine Taschenlampe mitnehmen!

INTERNET

Neben dem Rising Sun Guesthouse liegt ein Internetcafé, in dem man von 9–17 Uhr seine E-Mails abrufen kann.

Ziele in der Umgebung

◎ **ADLERNEST/NID D'AIGLE** ↗B3

Die Bergwanderung auf den Nid d'Aigle (333 m), den höchsten Gipfel La Digues, bietet den besten Ausblick auf die bewaldeten Höhen und die umliegenden Inseln. Auch wenn man beim Aufstieg mit Sicherheit ins Schwitzen kommt, lohnt der Weg durch die Siedlung Belle Vue, die aus den verstreuten Häusern der Bergbewohner besteht. Der Wanderer erhält Einblicke in die Lebensweise der Einheimischen und kann viele exotische Bäume und Pflanzen am Wegesrand bewundern, darunter Brotfruchtbäume, die große grüne Früchte tragen und von Einheimischen gerne als Gemüse gegessen werden – man wirft sie einfach mit Schale ins Feuer, bis das Äußere kohlrabenschwarz und das Innere weich gegart ist. Sehr schmackhaft und unbedingt zu empfehlen! Den Weg zum Nid d'Aigle kann man nicht verfehlen, denn er folgt der steil aufwärts führenden betonierten Straße in Richtung Belle Vue, die unweit des Château St. Cloud in die Berge führt. Am Ende der Straße führt ein gut erkennbarer Pfad weiter hinauf auf den höchsten Aussichtspunkt, auf dem eine kleine Snackbar Erfrischungen anbietet. Mit etwas Glück hat sie gerade geöffnet, und man kann sich eine Erfrischung kaufen – darauf zählen sollte man jedoch nicht, sondern lieber ausreichend Wasser bei sich führen.

Länge: ab Château St. Cloud ca. 3 km, 45 Min.

Wer den 333 m hohen Gipfel des Nid d'Aigle (▶ S. 140) erklommen hat, wird mit einem Traumblick auf die wie Perlen im Ozean verstreuten Inselchen belohnt.

◎ FELICITÉ   ▶ Klappe vorne, C 3

Das nur 4 km von der Nordküste La Digues entfernte Granit-Eiland kann auf Tagesausflügen (ca. 20 Min. Boots-transfer) besucht oder – für einen stolzen Preis – zur Alleinnutzung gemietet werden. Die Insel ist stark bewaldet und Heimat unzähliger Kokospalmen, da sich hier bis in die 1970er-Jahre eine von etwa 50 Personen bewirtschaftete Kokosplantage befand. Anfang des 19. Jh. schickten die Briten den malaysischen Sultan Abdallah de Perak hierher ins Exil – es gibt sicher schlechtere Orte für eine Verbannung. Bis 2007 kamen jedenfalls unzählige Adlige und andere Berühmtheiten freiwillig und zahlten auch noch viel Geld dafür, einige Tage auf der Insel nächtigen zu dürfen. Auf Félicité befand sich nämlich bis 2007 eine luxuriöse Unterkunft, die über die La Digue Island Lodge gebucht werden konnte, seither wird die Lodge nicht mehr vermietet. In den letzten Jahren bestanden allerdings Pläne, neue Übernachtungsmöglickeiten zu schaffen. Ob die Insel zum Zeitpunkt Ihrer Reise buchbar ist, erfragen Sie am besten bei der La Digue Island Lodge (▶ S. 133).

◎ GRANDE SŒUR, PETITE SŒUR MARIANNE UND ÎLE COCO

▶ Klappe vorne, C 2/3

Diese Inseln können in Tagesausflügen mit dem Boot angesteuert werden. Da die Küste von **Petite Sœur** sehr felsig ist, wird meistens vor **Grande Sœur** geankert. Diese »große Schwester« säumen zwei wunderschöne Strände, die nur wenige Gehminuten voneinander entfernt an den entgegengesetzten Enden der Insel liegen. Ein paar verfallene Häuser erinnern noch an die Kopra-Produktion von einst, heute kümmert sich ein Verwalter um die Insel. An manchen Tagen steht Grande Sœur exklusiv den Gästen des auf Praslin liegenden Hotels Château de Feuilles zur Verfügung. Bei Interesse an einem Besuch auf der Insel kann man sich dort (▶ Praslin, S. 111) auch kundig machen.

Unbewohnt sind die winzige **Île Coco**, die für ihre herrliche Unterwasserwelt bekannt ist, sowie **Marianne**, **Grande** und **Petite Sœur**. Die Südküste der Insel Marianne gilt als Tauchrevier von Weltklasse. Der Reichtum der Meeresfauna ist hier besonders groß, und oft ist man mit seinen Tauchbuddies allein unter Wasser unterwegs und kann in Ruhe alles bestaunen!

Die **Île Coco** (oder Coco Island) liegt nördlich von Félicité und ist die Miniaturversion einer Insel, bestehend aus angehäuften Granitfelsen und einem palmengesäumten Strand. Die Meeresgründe sind von seltener Schönheit, jahrelang durften hier keine Boote ankern, um die Unterwasserwelt nicht zu gefährden. Seit 1996 ist das Gebiet um Coco ein Unterwasser-Schutzgebiet. Heute fahren wieder Ausflugsboote zur

Auch wenn täglich Ausflugsboote die zauberhafte kleine Île Coco (▶ S. 142) ansteuern: In dem Unterwasser-Schutzgebiet haben die Meeresbewohner oberste Priorität.

Insel und bieten die Möglichkeit zum Tauchen und Schnorcheln zwischen den Korallen an. Nicht selten sind an dieser Stelle Meeresschildkröten zu sehen, riesige Schwärme bunter Fische ziehen zwischen den riesigen Fächerkorallen umher. Auch der Besuch von Haien kann hier den Taucher oder Schnorchler verzücken, diese faszinierenden Meeresbewohner patrouillieren in 5 bis 15 m Tiefe die Gewässer und halten respektvollem Abstand zu den menschlichen Besuchern ein, denen sie hier noch nie gefährlich wurden. Auf jeden Fall gilt, nichts zu berühren oder abzubrechen und keine Meeresbewohner in ihrer Ruhe zu stören. Mit einer Unterwasserkamera können hier jedoch sensationelle Aufnahmen gemacht werden.

KLEINERE INNER ISLANDS   ▶ Klappe vorne, B/C 2/3

Kleinere Granitinseln gruppieren sich rund um die drei Hauptinseln, die allesamt ihre eigene Geschichte und ihren Charakter bewahrt haben. Ihre Namen erhielten die meisten von den Schiffen oder Seeleuten, die hier zuerst landeten. Heute sind diese meist sehr felsigen Eilande gar nicht oder nur sehr spärlich besiedelt. Auf vielen dieser sogenannten Inner Islands gab es jedoch schon Mitte des 19. Jh. kleine Siedlungen, und es existieren seit Mitte der 1970er-Jahre Unterkünfte, die heute höchste Ansprüche an Komfort erfüllen. Meistens ist es nur ein einziges Resort, das das gesamte Eiland für sich beansprucht und in dem die Besucher die vollkommene Abgeschiedenheit ihrer »Robinsoninsel« genießen können. Viele dieser Anlagen achten strikt auf Umweltschutz und haben sich zu Vorreitern auf dem Gebiet der Erforschung und dem Schutz einheimischer Pflanzen- und Tierarten entwickelt.

Auf Bird, Frégate, North und Cousine wird mit solchem Engagement an der Regeneration der ursprünglichen Inselflora und -fauna gearbeitet, dass die Gäste der Boutiquehotels nicht nur eine einmalige Naturlandschaft, sondern auch einzigartige Begegnungen mit Vögeln und Reptilien erleben können, ohne dabei auf Luxus und Komfort verzichten zu müssen.

Das Inselchen **Moyenne**, in der Baie Ste. Anne auf Praslin gelegen, beherbergt ein kleines Luxushotel (▶ S. 100).

Auf **Denis Island** betreiben die Inselbesitzer, die Familie Mason, nachhaltige Landwirtschaft und versorgen die Gäste mit ihren eigenen Produkten. Die Unterkünfte der luxuriösen Lodge, liegen an den schönsten Strandabschnitten. Viele gefiederte Besucher schauen hier vorbei und ruhen sich in den Baumwipfeln aus.

Die Inseln **Cousin** und **Aride** ⭐ gelten als Schutzgebiete, werden nur von Biologen bewohnt und können bei Tagestouren besichtigt werden.

Auf der abgeschiedenen Insel **Félicité**, die bis in die 1970er-Jahre als Kokosnussplantage genutzt wurde, soll ein luxuriöses Boutiquehotel entstehen. Informationen darüber erhält man beim Fremdenverkehrsamt der Seychellen in Victoria oder in der La Digue Island Lodge (▶ S. 133).

ÜBERNACHTEN

Cousine Island ▶ S. 31
Frégate Island Private ▶ S. 32
North Island ▶ S. 32

OUTER ISLANDS UND KORALLENINSELN

Die abgeschiedenen Koralleninseln mit ihren herrlichen
Atollen und traumhaften Luxusresorts sind ideale
Reiseziele für Gäste mit höchstem Anspruch und solche,
die das besondere Abenteuer suchen.

Wer von den Seychellen spricht, meint meistens nur die Granitinseln der
Inner Island-Gruppe, die jedoch nur einen kleinen Teil der Landfläche
dieses Inselstaates ausmachen. Von den 115 Inseln des Landes besteht der
weitaus größte Teil aus Korallen und Sand, nicht aus Granit. Korallen
sind lebendige Wesen, die sich aus Kolonien von sogenannten Nesseltie-
ren und Zooxanthellen zusammensetzen, die in Symbiose zusammenle-
ben. Dies funktioniert nur unter bestimmten klimatischen Bedingungen
und bei Wassertemperaturen zwischen 18 und 24 °C. Steinkorallen bilden
durch Einlagerungen von Kalk Skelette, durch die Korallenbänke oder
ein Korallenriff entstehen, das stetig von lebendigem Gewebe überwu-
chert wird und dadurch zum Licht hin wächst. Eine Koralleninsel for-

◄ Vom Meer zärtlich umschlungen: Bijoutier
(▶ S. 147), Nachbarinsel von Alphonse.

Outer Islands und
Koralleninseln

La Digue
und Inner
Islands

Praslin

Die Haupt-
insel Mahé
und der
Ste. Anne
Marine Park

miert sich durch langfristige Veränderungen des Wasserstandes. Da das Korallenriff bis zur Wasseroberfläche wachsen kann, bildet sich nach späterem Absenken des Meeresspiegels oder Anheben des Bodens eine Insel oder eine Reihe von Inseln, oft in Form eines Atolls. Oberhalb der Wasseroberfläche sterben Korallen nämlich ab, durch Sandanlagerungen entstehen mit der Zeit Inseln, wie es über Millionen von Jahren hinweg auch in den Gruppen der Outer Islands geschah. Die vier Gruppen von Koralleninseln, die zum Staatsgebiet der Seychellen gehören, liegen teilweise über 1000 km südlich bzw. südwestlich von der Hauptinsel im Meer und damit nicht mehr auf dem Seychellenplateau. Die Böden der nur wenige Meter über den Meeresspiegel hinausragenden Inseln sind meistens sandig und nährstoffarm, erst der jahrhundertlange, dichte Pflanzenbewuchs ließ eine dünne Humusschicht entstehen, auf die eine Vielzahl von Pflanzenarten gedeihen konnte. In den Korallenriffen um die Inseln leben Millionen von Unterwasserlebewesen, aber auch an Land konnten sich viele seltene und einzigartige Lebewesen entwickeln und vermehren.

KORALLENINSELN MIT REICHER FAUNA

Im Umkreis von etwa 45 Min. Flugzeit von Mahé erreicht man zwei wunderschöne Inseln, die beide für sich etwas ganz Besonderes sind: Bird und Denis Island. Streng genommen und auch verwaltungstechnisch gesehen, gehören diese Inseln noch zu den Inner Islands, sie liegen am nördlichsten Rand der Seychellen-Kontinentalplatte, nur drei Grad südlich des Äquators. Im Gegensatz zu den aus Granit bestehenden Hauptinseln wurden diese jedoch über Jahrmillionen durch das Wachstum von Korallen geschaffen. Hinter den beiden flachen Koralleninseln tut sich ein 2000 m tiefer Tiefseegraben im Indischen Ozean auf, in dem bzw. an dessen Rand sich sehr viele Großfische tummeln. Die Inseln ziehen dank ihrer blütenweißen, fast ununterbrochenen Sandgürtel nicht nur Sonnenanbeter an, sondern auch Naturfreunde und Hochseefischer. Von Mitte Mai bis Mitte Oktober weht ein kräftiger Südostwind und wühlt die See auf, die Bade- und Tauchbedingungen sind dann nicht ideal. Während der restlichen Monate dominiert der Nordwestmonsun das Wetter und sorgt für ruhiges, klares Wasser und Sonnenschein.

Denis Island erhielt seinen Namen von Denis de Trobriand, einem französischen Seefahrer, der 1773 hier landete. Damals bevölkerten Horden von Seevögeln, Land- und Meeresschildkröten sowie längst ausgestorbene Seekühe und fluguntaugliche Vögel die Insel. Heute liegt auf der sich in Privatbesitz befindenden Insel eine Hotelanlage mit luxuriösen Einzelbungalows. Wenige Riesenschildkröten leben in einem eingezäunten Gehege, Kokospalmen und Buschwerk beherrschen die Vegetation. Der Besitzer der Insel, der Senior der Mason-Familie, betreibt hier mit Engagement und Hingabe einen großen Agrarbetrieb mit vielen Nutztieren wie Truthähnen, Hühnern, Schweinen und Kühen sowie großen Gemüsegärten und Fruchtplantagen. In mehreren Werkstätten werden weiterhin Möbel hergestellt, repariert und kreiert, sodass die Insel zum großen Teil unabhängig von aufwendigen und teuren Importen ist, was auch ihren ökologischen Fußabdruck beeindruckend gering hält. Von der kolonialen Vergangenheit zeugen ein 1908 erbauter Leuchtturm sowie die einzige ökumenische Kapelle der Seychellen.

Auf **Bird Island** (▶ Touren auf den Seychellen, S. 164) wird von der Besitzerfamilie und ihren Mitarbeitern seit Jahrzehnten intensivster Naturschutz betrieben. Hier nisten Millionen von Vögeln, streifen Landschildkröten frei über die Insel und finden Meeresschildkröten, die Grüne Suppenschildkröte und auch die echte und unechte Karettschildkröte, am Strand genug Platz, um ungestört ihre Eier ablegen zu können. Bird ist eine inhabergeführte Insel, die sich ganz dem Schutz der hier nistenden Vögel und weiterer Lebewesen verschrieben hat. Dieses seit Jahrzehnten erfolgreich laufende Naturschutzprojekt ist äußerst beeindruckend. Ein Besuch auf Bird Island zur Nistzeit bleibt unvergessen und gehört zu den Ausflügen, die man so nur auf den Seychellen erleben kann.

ATOLLE IN ABGESCHIEDENHEIT

Während Denis und Bird geografisch gesehen noch zu den sogenannten Inner Islands der Seychellen gehören, zählen die Inseln Alphonse und Desroches zu den vier Gruppen, die als Outer Islands bezeichnet werden. Diese Inselformationen, nämlich die Amiranten, Alphonse, Farquhar und die Aldabra-Gruppe, wurden aus Korallen gebildet und liegen innerhalb großer Lagunen. 90 % dieser Eilande sind unbewohnt und zum Teil völlig unberührt von Menschenhand, nur die zu den Amiranten zählenden Inseln Alphonse und Desroches bieten luxuriöse Unterkünfte für Gäste an. Beide Resorts haben Landebahnen und werden mit Kleinmaschinen auf Inlandsflügen angeflogen. Hochgewachsene Kokospalmen bedecken beide Eilande, Wege führen durchs Gebüsch, und rundherum liegen feinsandige Buchten, in denen man meistens ganz allein ist.

Alphonse liegt 500 km südwestlich von Mahé zusammen mit den zwei kleineren Inseln an einer großen Lagune mit herrlichen Riffen und einer vielfältigen Flora und Fauna. Die Hauptinsel erinnert in ihrer Form an ein Dreieck und hat eine maximale Breite von 1,2 km. Eine Bilderbuchschönheit ist auch die Nachbarinsel **Bijoutier** (frz. für Juwel), auf die romantische Ausflüge organisiert werden. Unter Liebhabern des Fliegenfischens (Wurfangelns) gilt die Lagune von **St. François**, der dritten Insel dieses Atolls, als absoluter Geheimtipp. Während der Saison von September bis Mai kommen Anhänger dieses Sports aus aller Welt hierher, um im flachen Wasser zu angeln. Aber auch traditionelles Fischen und Hochseefischen sind beliebt.

Neben anderen Seevögeln bevölkern Kolonien der schwarz-weiß-gefiederten Rußseeschwalben in der Nistzeit (April bis Oktober) Bird Island (▶ S. 146).

Eine weitere Insel der Amiranten ist die 5 x 1,5 km große, 260 km südwestlich von Mahé gelegene Koralleninsel **Desroches**. Unter Palmen kann man hier an 14 km langen Stränden Entspannung finden, am Korallenriff schnorcheln oder tauchen. Der älteste Bewohner von Desroches heißt übrigens George, ist ca. 105 Jahre alt und wiegt 270 kg – ihm unterstehen etwa 40 weitere Aldabra-Schildkröten in allen Alters- und Gewichtsklassen. Sie freuen sich über menschliche Zuwendung. Zusätzlich zum Hotel befinden sich einige sehr luxuriöse Privatvillen sowie ein Dorf und ein Leuchtturm auf der Insel, dies alles lässt sich gut mit dem Fahrrad erkunden. Bis auf Poivre, Daros und Marie-Louise sind alle weiteren Inseln der Amiranten-Gruppe unbewohnt.

Die Inseln der **Farquhar-Gruppe** liegen etwa 700 km von Mahé entfernt und erstrecken sich auf einer Fläche von über 300 qkm im Indischen Ozean. Die Inseln wurden im Jahre 1501 vom portugiesischen Seefahrer João da Nova entdeckt und in Landkarten vermerkt. Sie bestehen aus zwei Atollen, die beide fast ausschließlich aus flachen Koralleninseln geformt werden, und aus der einzeln gelegenen Insel St. Pierre. Bis auf die etwa 4 qkm große Hauptinsel Providence sind alle Inseln unbewohnt, auf Farquhar befindet sich eine kleine Siedlung, die jedoch nur saisonal genutzt wird. Auf vielen der Inseln wachsen unzählige Kokosnusspalmen, die auf Providence wohnenden Arbeiter bewirtschaften diese Plantagen. Die einzigen Besucher, die die Inseln dieser Gruppe besuchen, sind Segler auf Törn durch den Indischen Ozean. Taucher beschreiben das knapp unter der Meeresoberfläche liegende Wizard-Riff als Top-Tauchrevier. Sollten Sie diese Gruppe anfahren, ist es unabdingbar, sich vorher bei der Island Development Corporation (IDC in Mahé, Tel. 4 22 46 40) oder beim Tourism Office zu erkunden, welche Inseln angefahren und welche aus Naturschutzgründen nicht betreten werden dürfen. Auch somalische Piraten haben sich schon hierher verirrt und dabei abenteuerlustige Segler, die durch die Gewässer kreuzten, als Geiseln genommen. Vor der Reise dorthin sollte man sich also unbedingt über die aktuelle Sicherheitslage informieren. Es gibt keine Unterkunftsmöglichkeiten auf diesen Inseln, sodass nur die Übernachtung auf Booten bleibt. Wer hierher reist, wird eine unverfälschte, naturbelassene und faszinierende Natur erleben, die ihresgleichen sucht.

WELTNATURERBE ALDABRA ATOLL

Einzigartig auf dieser Welt und unvergesslich ist das fast 1000 km südwestlich von den Hauptinseln gelegene **Aldabra Atoll**. Dieses größte und hochgewachsenste Atoll im Indischen Ozean gehört nicht allein wegen der dort zu findenden Artenvielfalt bereits seit 1976 zum geschützten UNESCO-Weltnaturerbe. Neben rund 150 000 Exemplaren von Aldabra-Riesenlandschildkröten konnten hier auch die letzten fluguntauglichen Vögel des Indischen Ozeans überleben, die sogenannten Weißkehlrallen. Zu diesem Archipel gehören auch die Inseln Assumption und die Atolle Astove und Cosmoledo.

Das Atoll kann nur auf selten angebotenen, mehrtägigen Bootstouren, die eine Sondergenehmigung erhalten, besucht werden. Die Kosten für eine solche Kreuzfahrt zum Atoll mit der weltweit größten Population an Landschildkröten und vielen weiteren Tier- und Pflanzenarten sind entsprechend hoch. Weitere Informationen erteilt das Fremdenverkehrsamt der Seychellen in Victoria, das auch über die aktuellen Regelungen zum Besuch der Inseln Bescheid weiß. Da es auch hier bereits in der Vergangenheit zu Kidnapping von Booten durch somalische Piraten gekommen ist, sind die Behörden sehr vorsichtig und haben das Atoll sogar zeitweise für den Besuch von Touristen und Abenteurern komplett gesperrt. Aktuelle Informationen hierzu erhält man beim Seychelles Tourism Board (STB) in Bel Ombre auf Mahé (Tel. 4 67 13 00).

Auf einer Koralleninsel wie Desroches (▶ S. 148) kommt echtes Robinson-Feeling auf. Ausflügler können dort nach Herzenslust paddeln, schnorcheln und tauchen.

SEHENSWERTES

Aldabra Atoll ▶ Klappe vorne, A 5

Die maximal bis 8 m hoch gewachsenen Korallenformationen des Aldabra Atolls bieten Booten nur sehr wenige Landemöglichkeiten. Nichtsdestotrotz bringen einige wenige Boote Touristen gegen einen entsprechend hohen Preis unter der Aufsicht naturkundlicher Führer hierher. Für die glücklichen Besucher zählt eine Reise auf diese abgelegenen Inseln des Aldabra Atolls zu den absoluten Höhepunkten ihrer Reiseerlebnisse.

Diese Inselgruppe ist vom gesamten Staatsterritorium der Seychellen am nächsten an Afrika gelegen. Sie erstreckt sich über eine Länge von 34 km und eine Breite von 14,5 km und umgibt eine 224 qkm große Lagune, deren Fisch- und Korallenreichtum einzigartig ist. Die vier Hauptinseln, die die Lagune einschließen – **Picard**, **Polymnie**, **Malabar** und die mit 116 qkm größte Insel **Grand Terre** im Süden –, weisen eine extrem hohe Artenvielfalt auf, allein 270 endemische Pflanzenarten wurden hier von Botanikern identifiziert. Insgesamt werden genau 46 Inseln zum Atoll gezählt, wovon einige jedoch winzig klein sind.

Aldabra erhebt sich nur geringfügig über den Meeresspiegel, weshalb es während vergangener Warmzeiten in der Erdgeschichte schon mehrfach komplett vom Meer überspült wurde, zuletzt vor etwa 120 000 Jahren.

Aldabra-Riesenschildkröten haben bereits in der Vergangenheit bewiesen, dass sie wochenlang treibend auf dem Meereswasser überleben können, auf diese Weise und durch den Transport

Wegen ihrer frappierenden Ähnlichkeit mit einem (riesigen) Pilz wird diese für das Aldabra Atoll (▶ S. 150) typische Korallenformation »champignon rock« genannt.

von Menschenhand gerieten sie auf die anderen Inseln, deren ursprünglich endemische Schildkrötenarten fast komplett als ausgerottet gelten. Die heute in großer Zahl auf dem Aldabra Atoll vorkommende Art gilt als eine der ältesten Tierarten der Erde und hat ihr Äußeres in den letzten 200 Millionen Jahren angeblich kaum verändert. Die Schildkröten, die sich vor allem von Blättern und Gräsern ernähren, werden mehrere hundert Jahre alt.

Alle Koralleninseln der Aldabra-Gruppe wuchsen von einem etwa 1000 m unter der Wasseroberfläche liegenden Basaltplateau über Millionen von Jahren zum Licht empor. Sämtliche Inseln des Atolls und die umliegenden Gewässer stehen bereits seit den 1970er-Jahren unter strengem Schutz; ihre ursprüngliche Flora und Fauna haben sie weitgehend bewahren können. Auf dem Aldabra Atoll wurde allein das Vorkommen von 97 endemischen Vogelarten beurkundet, darunter neben vielen Seevögeln auch 13 Landvogelarten wie die Weißkehlralle (Dryolimnas cuvieri aldabranus), der Aldabra-Drongo (Dicrurus aldabranus), der Malegassen-Nektarvogel (Cinnyris sovimanga) und der Seychellenweber (Foudia sechellarum). Auch der selten gewordene Dickschnabelreiher brütet hier. Aldabra ist bis auf wenige Menschen, die zum Schutze des Atolls dort leben, unbewohnt. Da die Sicherheitslage vor dem Hintergrund der Piraterie im Indischen Ozean in den letzten Jahren etwas prekär war, waren Besuche im Aldabra Atoll für Touristen von der Regierung der Seychellen untersagt worden. Über die aktuelle Lage und Reisemöglichkeiten dorthin informiert das Seychelles Tourism Board STB (▸ S. 178).

Bird Island ▸ Touren auf den Seychellen, S. 164

ÜBERNACHTEN

Alphonse Island Resort ⚓ D/E 2/3

Dorado für Fliegenfischer – Bis 1999 wurde die Insel Alphonse als Kokosplantage genutzt. Heute stehen an der Ostküste des 450 km südlich von Mahé gelegenen Eilands schön eingerichtete Chalets mit palmengedeckten Spitzdächern sowie fünf größere Villen, die erst 2012 renoviert wurden. Die einsamen Strände und Tauchgründe der großen, flachen Insel gehören zu den schönsten der Seychellen, vor allem da hier der Effekt der Korallenbleiche nicht vorgekommen ist. Jeder Gast erhält für die Dauer seines Aufenthalts ein Fahrrad und kann damit die Inselpfade erkunden. Allerdings ist die Insel seit ein paar Jahren nur zur Saison der Fliegenfischerei (Anfang Okt.–Ende Mai) für Gäste zugänglich; zu dieser Zeit stehen auch Guides vor Ort zur Verfügung und organisieren die Transfers zur Lagune von St. François, wo ideale Bedingungen zum Fliegenfischen herrschen. Die Guides erklären gern die Techniken und helfen bei der Vorbereitung des Materials. Alle weiteren Aktivitäten wie Tauchen und Hochseefischen werden zurzeit nicht mehr vor Ort angeboten. Von Alphonse aus kann auch das kleine Insel Bijoux besucht werden, das in der Lagune von St. François liegt.

Amirantes | Tel. 4 22 90 30 | www. alphonse-resort.com | 20 Bungalows | €€€€

Denis Private Island ▶ Klappe vorne, B 1

Abschalten im Paradies – Abgeschieden und einsam liegt die halbmondförmige, flache Koralleninsel 95 km nördlich von Mahé am Rande des Seychellen-Plateaus. Man erreicht sie per Propellerflugzeug in 35 Min. Am nordwestlichen Ende liegen geräumige Cottages sowie zwei noch größere Villen mit großzügigem, halboffenem Badezimmer (Innen- und Außendusche) und teilweise mit Plunge Pool sowie der wunderschön gestaltete Hauptkomplex mit Rezeption, Swimmingpool, Restaurant, Bar, klimatisiertem Weinkeller, Bibliothek mit Internetzugang, Billardtisch und Büros. Hinter den Gebäuden erstrecken sich wunderschöne Sandstrände mit guten Schnorchel- und Tauchgründen. Naturkundliche Führungen sowie Vogelfütterungen unter professioneller Anleitung werden angeboten. Fahrräder stehen zur Verfügung und mit ihnen kann man ganz Denis Island mit seinen dichten Wäldern und einsamen Strandabschnitten auf eigene Faust erkunden. Die Insel wird gehobenen Ansprüchen in jeder Weise gerecht: Zimmerausstattung, Service und vor allem die exzellente Küche überzeugen die Gäste, von denen viele regelmäßig hierher zurückkehren. Dank der von den Inhabern betriebenen großen Farm auf einer Inselseite wird hier fast nur mit einheimischen Produkten und in Bio-Qualität gekocht! Zimmerschlüssel, WLAN an jeder Ecke oder viele Fernsehprogramme sind jedoch Fehlanzeige, hier sind Abschalten und Genuss angesagt. Verschiedene, nicht motorisierte Wassersportarten (darunter Tauchen) sowie Tennis können praktiziert werden.

Hochseefischer schätzen vor allem die reichen Tiefseefischgebiete unweit der Insel und den professionellen Service der Bootcrews; Fliegenfischen (Wurfangeln) ist ebenfalls möglich. Vor allem suchen Paare, darunter viele Honeymooner, hier Romantik, Ruhe, einsame Strände und Naturschönheit. Aber auch Familien sind herzlich willkommen.

Buchung: Victoria, Mahé | Tel. 4 28 89 63 oder 4 29 59 99 | www.denisisland.com | 25 Cottages und Villen | €€€€

Desroches Island Resort
▶ Klappe vorne, E 2

Top-Service in Abgeschiedenheit – Seit den 1970er-Jahren begrüßt die 260 km von Mahé entfernt liegende Insel Desroches Gäste aus aller Welt! Die gleichnamige Ferienanlage wurde mehrfach auf den neuesten, internationalen Standard gebracht und bietet allen gewünschten Luxus und Service, dazu mittlerweile auch Internet in der gesamten Anlage. Die geräumigen Einzelbungalows liegen am Südwestende der lang gestreckten Koralleninsel (6 x 1,5 km); sie sind sehr elegant, komfortabel eingerichtet, mit geräumigen Badezimmern. Zu vielen der Villen gehört ein Privatpool, auf Wunsch gibt es auch Butlerservice. Die Küche des sehr geschmackvoll eingerichteten Restaurants besitzt internationales Top-Niveau. Ein großer Pool, Tennisplatz, Wassersportgeräte und Fahrräder gehören zur Anlage, bei Bedarf stehen auch Golf-Buggys zum Transport zur Verfügung. Besonders beliebte Aktivitäten sind neben Erkundungen per Rad Hochseefischen und Tauchen. Das Wassersportangebot besteht aus Kajak,

Auf den Amiranten (▶ S. 152) spielt der Mensch nur eine Nebenrolle. Die wahren Protagonisten sind Ureinwohner wie die riesigen Aldabra-Landschildkröten.

Angeln und Fischen, kleinen Hobie Cat-Segelbooten, Paddle Ski, Stand Up Paddling (SUP), Surfbrettern und Wasserfahrrädern (»hydro bicycle«). Bei Exkursionen über die Insel lassen sich einsame Traumstrände entdecken; immer wieder begegnet man riesigen **Aldabra-Landschildkröten**, die sich unter der Pflege eines Mitarbeiters sehr wohl fühlen und zum größten Teil frei umherziehen können. Besonders sympathisch sind die hier arbeitenden Menschen, vor allem die Seychellois. Diese Mitarbeiter, die zum Teil seit Jahren schon auf der Insel arbeiten, geben

mit ungekünstelter Gastfreundschaft dem Besucher das Gefühl, Teil einer großen Familie zu sein. Wer sich hier niederlassen möchte, kann sogar für mehrere Millionen Euro eine Privatvilla erstehen. Diese riesigen Villen, die zum Teil auch zu mieten sind, liegen etwas abseits der Hotelanlage an einem Strand. Die Schnorchelgründe rund um Desroches sind fantastisch, der Korallenreichtum beeindruckend.

Amirantes | Tel. 4 22 90 03 | www. desroches-island.com | 54 Suiten und 4 Villen | €€€€
45 Min. Flug von Mahé

Ideal zum Wandern: der Morne Seychellois Nationalpark (▶ S. 156) im Herzen Mahés.

TOUREN
AUF DEN
SEYCHELLEN

DER SÜDEN UND DIE BERGWELT MAHÉS – IM URSPRÜNGLICHEN TEIL DER HAUPTINSEL

CHARAKTERISTIK: Rundfahrt mit dem Auto durch Höhenwälder, entlang der ruhigen Westküste und durch traditionelle Dörfer im Süden Mahés **DAUER:** Tagesausflug **LÄNGE:** 80 km inkl. Abstecher nach Port Launay, zur Anse Soleil und Anse Intendance **EINKEHRTIPPS:** Chez Plume (▶ S. 89), Anse Boileau, Tel. 4 35 50 50, www.aubergeanseboileau.com, Mo–Sa nur Abendtisch €€ | Anse Soleil Restaurant (▶ S. 99), Anse Soleil, Tel. 4 36 17 00, tgl. 11–18 Uhr, abends mit Reservierung €€ |

Chez Batista (▶ S. 95), Anse Takamaka, Tel. 4 36 63 00, tgl. mittags und abends €€

D 2/3–F 6

Die Tagestour um den Süden Mahés beginnt am **Clock Tower** in Victoria. Man fährt zunächst einige 100 m in Richtung Beau Vallon, biegt dann links in die Sans Soucis Road, eine kurvenreiche Straße, die sich in Richtung Port Glaud in die Höhen windet. Immer wieder erhascht man traumhafte Blicke auf die Hauptstadt und die Ostküste, bevor man in die tiefen Wälder und kühlen Höhen des **Morne Seychellois Nationalparks** (400 m ü. d. M.) eintaucht. Am Wegesrand liegen verstreut Parzellen mit Teepflanzen und in Büscheln wachsendem Zitronengras. Mehrere Wanderwege führen zu sehenswerten Plätzen im Nationalpark. Auf der rechten Seite weist eine Hinweistafel zur **Mission Lodge**, einer ehemaligen Missionsschule für Sklavenkinder. Ein Besuch der historischen Stätte mit schöner Aussicht auf die Süd- und Westküste ist zu empfehlen.

Mission Lodge ▶ Port Glaud
Weiter geht es in Richtung Port Glaud, und in vielen Kurven schlängelt sich

die enge Straße wieder zur Küste hinab. Zwischen Zitronengras und Teeplantagen liegt die **Tea Factory** (Teefabrik), die besichtigt werden kann.

Port Glaud ▶ Baie Lazare
Lohnenswert ist ein Abstecher auf die Halbinsel **Port Launay**, die noch bis in die 1990er-Jahre Sperrgebiet war. Die Bucht ist vor allem am Wochenende ein beliebtes Ausflugsziel für Einheimische, wobei der Hauptstrand nur noch vom Ephelia Hotel zugänglich ist. Auf derselben Straße geht es zurück nach Port Glaud und dann immer entlang der Westküste bis **Baie Lazare** und zur Anse Takamaka im Süden. Die Küstenstraße führt streckenweise durch eine relativ hügelige Landschaft ins Landesinnere. Die Gegend ist spärlich besiedelt, gelegentlich sieht man eine Hotelzufahrt oder Wege zu Villen. In **Barbarons** zweigen zwei kleine Pfade in ein Mangrovensumpfgebiet sowie einen kleinen Küstenwald ab. Hier kann man die Flora der Küstenzone erkunden (ca. 30–40 Min. Fußweg).

Vorbei am kreolischen Restaurant Chez Plume gelangt man zur Abzweigung der Les Canelles Road, fährt jedoch geradeaus in den Ort Baie Lazare. Rund um die Ortschaft liegen die Ateliers verschiedener Künstler.

Baie Lazare ▶ Anse Intendance

Ein schöner Abstecher führt nach rechts zur **Anse Soleil** mit dem gleichnamigen Seafood-Restaurant. Zurück auf der Hauptstraße geht es weiter in Richtung Süden zur **Anse Takamaka** mit ihrem herrlichen Badestrand. Kurz nachdem man die Küste verlassen hat, führt ein Weg nach rechts zum Strandrestaurant Chez Batista. Empfehlenswert ist hier ein Stopp zum Schwimmen und Schnorcheln, denn die Bucht besitzt eine schöne Meeresflora und -fauna. Die Straße windet sich von nun an leicht bergauf ins Landesinnere.

Bei der Kirche von **Quatre Bornes** zweigt ein Fahrweg zur traumhaften **Anse Intendance** und dem dort liegenden Banyan Tree Resort & Spa ab. Je nach Monsunzeit kann das Meer jedoch zum Schwimmen zu bewegt sein (nur bei grüner Beflaggung ungefährlich).

Anse Intendance ▶ Victoria

Ab Quatre Bornes folgt man der Hauptstraße, die an der Anse Forbans auf die Ostküste trifft, bis zum Flughafen. Bis zur Ortschaft Anse Royale ist die Straße noch recht eng und kurvenreich, später wird sie etwas breiter und ist daher auch stärker befahren. An der Strecke liegen der **Jardin du Roi**, das **Village artisanal** (Kunsthandwerkerdorf) und das **Institi Kreol**. Die letzten 10 km legt man auf der neuen Schnellstraße nach Victoria zurück.

Mahé kann sich vieler Bilderbuchstrände rühmen: Einer von ihnen ist die wunderschöne Anse Takamaka (▶ S. 157), die auch zum Schnorcheln und Tauchen einlädt.

COPOLIA UND MORNE SEYCHELLOIS NATIONAL PARK – WANDERUNG DURCH HÖHENWÄLDER

CHARAKTERISTIK: Wanderung auf den 497 m hohen Copolia, mit Blick auf die Hauptstadt Victoria, die Inseln des Ste. Anne National Marine Parks und die gesamte Ostküste Mahés, bei klarem Wetter sogar bis zu den Inseln Praslin, La Digue und Frégate. Der kurze, steile Aufstieg lohnt allein wegen der faszinierenden Pflanzen-

 vielfalt **SCHWIERIGKEITSGRAD:** mittel **DAUER:** 2 Std. hin und zurück **LÄNGE:** 2 km **EINKEHRTIPPS:** keine, Proviant mitnehmen! **D 3**

Der Weg auf den Gipfel ist mittelschwer zu gehen, er führt die meiste Zeit durch schattigen Wald zu einem Plateau mit wunderschönem Aussichtspunkt gen Osten Mahés. Am schwierigsten könnte es sich erweisen, den Pfad ausfindig zu machen, der streckenweise nicht klar ersichtlich ist. Erst gegen Ende erreicht man die felsigere Gipfelregion, wo die Orientierung wieder leichter fällt. Unterwegs entdeckt man interessante Gewürzpflanzen wie Zimt, Vanille, wilde Ananas und Mahagonibäume.

Val Riche ▶ Copolia

Der Weg beginnt auf der Sans Soucis Road in den Höhen Victorias bei **Val Riche** (etwa 6 km vom Ortsausgang Victorias entfernt, mit dem Bus ab Victoria in 15 Min. erreichbar). Ein Hinweisschild auf der linken Straßenseite kennzeichnet den Weganfang, an dem häufig auch Beamte der Touristenpolizei stationiert sind, die bei Bedarf mitwandern und/oder bereitwillig Auskunft geben. Im Verlauf der Wanderung folgt man den blauen und/oder gelben Markierungsmarken, die allerdings

häufig verblasst und nur noch schwer erkennbar sind. Ebenso fehlen Hinweise auf Flora und Fauna sowie Etappen der Wanderung. Wer eine genauere Beschreibung wünscht, sollte sich im Touristenbüro der STMA in der Independence Street in Victoria die Wegbeschreibung (nur in englischer Sprache erhältlich) zu einem kleinen Unkostenbeitrag kaufen. Darin sind die meisten Pflanzen, Tiere sowie der Wegverlauf exakt beschrieben.

Zunächst steigt man etwa 10 Min. lang in ein kleines Tal hinab, dann geht es steil bergan durch einen Wald. Der Weg ist bis hierher in gutem Zustand, später ist sein Verlauf jedoch schwerer zu finden, denn er führt zwischen und über Felsen hinauf. Weiter geht es über Wurzeln und Felsblöcke, die je nach Witterung glitschig sein können. In Gipfelnähe wird der Pfad wieder deutlicher erkennbar, am Ende steigt man über glattes Felsengestein und wird bei klarer Sicht mit grandiosen Blicken auf die Ostküste und die umliegenden Inseln sowie das neu gewonnene Land belohnt.

Wer eine Wanderung in den Morne Seychellois Nationalpark (▶ S. 158) unternehmen will, sollte möglichst früh losgehen, um die Mittagshitze zu vermeiden.

Im Gipfelbereich findet man die seltene, fleischfressende **Kannenpflanze** (»perville's pitcher plants«), die nur hier vorkommt und – ausgehend vom Wurzelwerk in Felsspalten – in breitflächigen Matten auf dem kargen Granituntergrund gedeiht. Sie bildet kleine, trichterähnliche Gefäße, in denen sich eine enzymhaltige Flüssigkeit befindet. Wenn Insekten, angelockt durch Zuckersekretion der Blätter, in den Trichter der Kelche fallen, werden sie dort mithilfe der Flüssigkeit verdaut. Ein kleiner Deckel verhindert, dass Regen den Verdauungssaft verdünnen kann.

Meist ist man ganz allein hier oben, kann in Ruhe alles erforschen, etwas verweilen und die Aussicht genießen, bevor man den Rückweg auf derselben Strecke antritt. Es empfiehlt sich, die Mittagshitze zu meiden, außerdem sollte man aus Sicherheitsgründen vor 17 Uhr zurück an der Straße sein. Vorsicht ist besonders beim Abstieg und nach Regenfällen auf rutschigem Moos und Wurzeln geboten. Bei dieser Wanderung sollten Sie an Kopfbedeckung, Sonnen- und Regenschutz, festes Schuhwerk sowie ausreichend Trinkwasser (etwa 2 l pro Person) denken.

RUNDFAHRT AUF PRASLIN UND IN DIE VALLÉE DE MAI – EILAND DER TAUSEND BUCHTEN

CHARAKTERISTIK: Ein Ausflug zu verträumten Siedlungen und einsamen Stränden. Höhepunkt der Inselrundfahrt ist der Nationalpark Vallée de Mai, in dem Tausende von »Coco de Mer«-Palmen gedeihen **SCHWIERIGKEITSGRAD:** leicht **DAUER:** 5–6 Std. **LÄNGE:** 32 km ohne Abstecher nach Anse La Blague,

ca. 1 Std. für den Rundgang durch die Vallée de Mai einplanen **EINKEHRTIPPS:** zahlreiche Restaurants entlang der Küstenstraße **KARTE:** ▶ S. 103, C 2/3

Ausgangspunkt der Rundfahrt ist der Flughafen in **Amitié**, nördlich der Ortschaft Grand' Anse. Von hier folgt man der Hauptstraße in südöstlicher Richtung durch das lang gestreckte Dorf, vorbei an Hotels und einfachen Unterkünften.

An der Abzweigung zum Inselinneren und zur Vallée de Mai folgen Sie der etwas schmaleren Küstenstraße in Richtung Consolation. Diese Strecke ist eher ruhig und nur selten von Bussen befahren. Sie folgt größtenteils dem Küstenverlauf, an den schönen Stränden befinden sich bisher fast keine Hotels und Gästehäuser. Dieser Inselzipfel wirkt noch recht verträumt. Auffallend schön ist die Bucht **Anse Marie-Louise**. Auch wenn das Wasser hier etwas zu flach zum Schwimmen ist, ist seine Färbung in allen erdenklichen Blau- und Türkistönen ein Genuss fürs Auge.

Anse Marie Louise ▶ Ste. Anne
Am Nordende der Bucht steigt die Straße steil auf einen Hügel an, auf dem das zur Hotelgruppe Relais & Châteaux gehörende Luxusresort **Château de Feuilles** seinen Sitz hat. Mit ähnlich

starkem Gefälle geht es im Zickzack zur breiten Bucht **Baie Ste. Anne** mit dem gleichnamigen Ort hinab. Rechterhand führt eine holprige Stichstraße zu hübschen Privatpensionen bzw. Bungalows. In der darunterliegenden, ruhigen Bucht wurde aus dem Meer in den letzten Jahren Land gewonnen, auf dem bislang u. a. eine Schule, einige Verwaltungsgebäude und Sportplätze errichtet wurden. Das Dorf erstreckt sich über mehrere Kilometer. Kleine Geschäfte, Arztpraxen und Banken konzentrieren sich um die Kreuzung der Straße, die durch den berühmten Nationalpark Vallée de Mai wieder zurück an die Westküste führt.

Ste. Anne ▶ Côte d'Or
Wir fahren geradeaus weiter in Richtung Anse Volbert/Côte d'Or. Kurz bevor die Straße nach links in ein Wäldchen einbiegt, zweigt rechts ein schmaler Fahrweg zur **Anse La Blague** auf der östlichen Halbinsel ab. Hier befinden sich zwei einsam gelegene, kleine Hotels. Der felsige Strand eignet sich wegen gefährlicher Strömungen nur eingeschränkt zum Baden. Weiter

geht es zurück zur Hauptstraße und dann nach rechts zur **Côte d'Or**, einem der Touristenzentren von Praslin.

Côte d'Or ▶ Vallée de Mai

Die ehemalige Durchgangsstraße zum Berjaya Praslin Beach Hotel in Anse Volbert wurde inzwischen verkehrsberuhigt und endet an einem Parkplatz am Strand. Eine Umgehungsstraße führt vorbei am La Reserve Hotel zur **Anse Possession** und weiter zur **Anse Boudin**. Hier ist die Endstation der Buslinie, und es geht nur noch zu Fuß, mit dem Rad oder Mietwagen weiter.

Ein steiler Hügel muss noch überwunden werden, bevor man an der **Anse Lazio** ⭐ die Wellen rauschen hört. Diese feinsandige Bucht zählt zu den schönsten, die die Seychellen zu bieten haben. Nehmen Sie sich Zeit für ein Sonnenbad bzw. eine Badepause!

Die Rückfahrt erfolgt bis Baie Ste. Anne über dieselbe Strecke, ab dort folgen wir der direkten Strecke an die Westküste durch den legendären Nationalpark **Vallée de Mai** ⭐. Bereits vom Auto aus kann man viele »Coco de Mer«-Palmen sehen, die riesige Seychellennüsse tragen bzw. als männliche Pflanze phallusähnliche Blütenstände vorweisen. Spätestens am Besucherzentrum sollte man anhalten, aussteigen und einen Rundgang durch den Wald unternehmen. Zwar wirkt er in den Morgenstunden noch am unberührtesten, aber auch zu späterer Stunde wird man sich darin wie in einem Zauberwald vorkommen, vor allem wenn eine leichte Brise die gewaltigen Palmenfächer geheimnisvoll rascheln lässt. Von hier aus sind es noch etwa 4 km bis zum Flughafen in Amitié.

Jeder Ausflug ist noch mal so schön, wenn am Ziel eine Traumbucht wie die Anse Lazio (▶ MERIAN TopTen, S. 161) lockt? Nichts wie rein ins erfrischende Nass …

RADTOUR ZUR SÜDSPITZE VON PRASLIN

CHARAKTERISTIK: Rundtour mit dem Rad über die Insel Praslin **DAUER:** 6–7 Std. **LÄNGE:** 13 km **EINKEHRTIPPS:** Hotel Coco de Mer (▶ S. 112), Anse Bois de Rose, www.cocodemer.com €€€€
KARTE: ▶ S. 107

Eine lohnende, wenngleich schweißtreibende Tour führt um die Südspitze der Insel. Hier gilt es einige sehr steile Anstiege (bis zu 30 % Steigung) zu bewältigen. Prüfen Sie die Bremsen Ihres Leihrades gut und wählen Sie eines mit Schaltung, denn so steil wie die Anstiege sind auch die drei Abfahrten auf dieser Tour. In den Rucksack gehört eine Inselkarte und natürlich viel Wasser – und: auf den Linksverkehr achten!

Baie Ste. Anne ▶ Pointe Cocos
Vom Fähranleger in **Baie Ste. Anne** aus führt der Weg zunächst links den steilen Berg hinauf in Richtung der kleinen Ferienanlagen Chalets Coté Mer und Colibri Guest House. Linkerhand führt eine Stichstraße zu diesen schönen Gästehäusern mit Blick auf die **Baie Ste. Anne**. Nach mehreren Haarnadelkurven und sicher einigen Verschnaufpausen erreicht man die Anhöhe, auf der sich das wunderschöne Hotel **Château de Feuilles** befindet, eine kleine, exklusive Anlage in spektakulärer Lage! So steil, wie es aufwärts ging, führt die Straße jetzt hinab in die verträumte Bucht **Anse Marie-Louise**. Nun folgt die zweite heftige Steigung: Über einen Hügel, an dessen Flanken sich einige kreolische Häuschen schmiegen, führt die Straße in die nächste Bucht, die **Anse Consolation**. Ihrem Namen entsprechend (»consola-

tion« bedeutet Trost) kann man jetzt getrost weiterradeln, denn auf den nächsten Kilometern sind keine anstrengenden Steigungen mehr zu bewältigen. Die Straße verläuft zwar leicht hügelig weiter, dafür entschädigen die tollen Blicke auf die Küste. Dort, wo die Straße hinter einem am Meer liegenden Felsen vorbeiführt, ist der südlichste Punkt Praslins erreicht: die **Pointe Cocos**. Von hier ist es noch etwa 1 km, bis links unterhalb das ansprechende Hotel **Coco de Mer** auftaucht, in dem man sich bei einer Erfrischung erholen kann. Die ruhige Straße verläuft oberhalb kleiner Buchten wie der **Anse Bateau** und **Anse St. Sauveur**. Nahe dem ersteren kleinen Sandstreifen, unterhalb der Straße zwischen Felsen und Gebüsch, verbirgt sich das hübsche Ausflugslokal Le Rocher. Das romantische, kleine Open-Air-Restaurant war in den letzten Jahren geschlossen, aber schauen Sie ruhig mal rein, vielleicht wurde es inzwischen ja wiederbelebt …

Grand' Anse ▶ Vallée de Mai
Obwohl die Straße knapp über dem Meeresniveau verläuft, ist auch dieser Teil anstrengend, da man mit Gegenwind rechnen muss. Der Weg führt nun durch dichten Bewuchs, leider ohne Meerblick. Nach etwa 1,2 km stößt man wieder auf die Küste, und

erste Behausungen tauchen auf. Diese gehören schon zu **Grand' Anse**, der größten Ortschaft an der Südwestküste. Bevor jedoch das Ortszentrum erreicht ist, kommt man an eine Kreuzung, an der die Straße nach rechts in Richtung Baie Ste. Anne abbiegt. Schon bald geht es aufwärts, die Häuser bleiben zurück, und man taucht in die ursprünglichen **Wälder** Praslins ein. Kontinuierlich führt die kurvenreiche Straße bergan. Der lange Anstieg ist körperlich anstrengend, obendrein herrscht auf diesem Abschnitt der meiste Verkehr, also seien Sie vorsichtig. Schon bald tauchen erste »Coco de Mer«-Palmen am Wegesrand auf und mit ihnen die leuchtend grünen Geckos, die sich am Stamm oder auf den Blütenständen in der Sonne aalen! Nach etwas mehr als 2 km Anstieg erreicht man den Eingang zum Nationalpark **Vallée de Mai**; ab hier führt die Straße in vielen Kurven bergab Richtung Küste.

Vallée de Mai ▶ Ste. Anne

Bei der Anfahrt nach **Baie Ste. Anne** nehmen die Häuser zu, bis die Küstenstraße erreicht ist. Gegenüber liegt die Einfahrt zur künstlich aufgeschütteten Insel **Eve Island** mit ihrem dichten Kasuarinenbewuchs und einigen Gebäudekomplexen, ein Abstecher dorthin lohnt jedoch nicht. Die Strecke führt nun durch die Ortschaft **Ste. Anne** nach Süden. Am Wegesrand liegen einige Geschäfte und Banken, die Polizeistation und natürlich die Kirche. Dieses gewachsene Dorf spürt vom Tourismus nur wenig. Am Ende der Ortsdurchfahrt ist schon der Abzweig zum Fähranleger erreicht.

Toplage am Meer: Vom Steg des Coco de Mer-Hotels (▶ S. 112, 162) kann man allabendlich das farbenprächtige Schauspiel des Sonnenuntergangs verfolgen.

BIRD ISLAND – ÖKOTOURISMUS MIT UNVERGESSLICHEN NATURERLEBNISSEN

CHARAKTERISTIK: Millionen von Rußseeschwalben nisten jährlich auf Bird Island, darüber hinaus lohnen wunderschöne, abgelegene Strände und die faszinierende Pflanzenwelt ganzjährig einen Besuch **DAUER:** mehrtägiger Aufenthalt empfohlen (Anreise nur per Flugzeug möglich)
KARTE: ▶ **KLAPPE VORNE, A 1**

Bird Island liegt etwa 29 Seemeilen nordwestlich von Denis am Rande des Seychellenplateaus. Seit 36 Jahren wird das Eiland von der Familie Savy gehegt und gepflegt, die es geschafft hat, hier erfolgreich Ökotourismus zu betreiben. Die Besitzer riefen ein intensives Schutzprogramm für Flora und Fauna ins Leben, das helfen soll, die Insel in ihren natürlichen Zustand zurückzuversetzen: Teile der Kokosplantagen wurden gerodet und räuberische Säugetiere eliminiert, um Nistplätze für einheimische Vögel zu schaffen. Weiterhin wurden importierte Pflanzenarten durch endemische ersetzt, um die Nahrungsversorgung der Tiere sicherzustellen.

Ab Juni legen etwa 1,3 Mio. **Rußseeschwalben** (»sooty terns«) ihre Eier zum Brüten auf der Insel ab. Wer dieses beeindruckende Naturschauspiel verpasst, wird dennoch nicht enttäuscht: Auch während des übrigen Jahres halten sich bis zu 38 Arten von See- und Landvögeln hier auf, darunter Zugseeschwalben, Noddisee- und die weißen Feenseeschwalben. Auch die seltenen und riesengroßen **Fregattvögel** sind häufig gesehene Gäste. Besucher können während ihres Ferienaufenthalts auf der Insel an diesen reichen Natur-

schätzen teilhaben, ohne dafür allerdings auf Komfort verzichten zu müssen. 24 hübsche Einzelbungalows mit je einem Doppelzimmer und zusätzlichen Schlafmöglichkeiten für Kinder warten auf Gäste. Sie sind nicht klimatisiert, aber dank ihrer offenen Bauweise gut durchlüftet und mit Deckenventilatoren ausgestattet.

Auf **Umweltschutz** wird streng geachtet; alle Besucher sind zum Mitmachen aufgefordert, auch zum Tolerieren der gefiederten Besucher, die gern im Restaurant ein paar Krumen aufpicken.

Auf geführten **Touren** erklären gut geschulte Mitarbeiter Flora und Fauna der Insel, darunter die Nist- und Ernährungsgewohnheiten einzelner Vögel. Sehr erfolgreich verläuft hier ein Schutzprogramm für **Meeresschildkröten**. Waren es vor wenigen Jahren noch wenige Nester, schleppen mittlerweile jährlich von September bis Februar rund 280 Karett- und Suppenschildkröten ihre schweren Panzer den Strand hinauf, um im Schutz der Dunkelheit ihre Eier im Sand zu vergraben. Meeresschildkröten kehren mit dem Beginn ihrer geschlechtlichen Reife über Tausende von Seemeilen zu ihrer Geburtsstätte zurück. Werden sie allerdings bei ihrer Lande- und Nisttätigkeit durch Licht oder Lärm gestört, lassen sie sich nie wieder blicken. Nach etwa 57 Tagen schlüpfen die ersten Schildkröten. Manchmal geschieht dies nachts, deshalb gibt es anstelle beleuchteter Wege durch die Anlage in jedem Bungalow Taschenlampen. Somit werden die schlüpfenden Babyschildkröten auf ihrem gefährlichen Weg zum Ozean nicht durch künstliche Lichtquellen irregeleitet. Dass sie sich auf Bird Island sehr wohl fühlt, beweist »Esmeralda«, trotz dieses Namens handelt es sich beim ältesten Einwohner der Insel um ein Männchen. Die riesige, beeindruckende Landschildkröte hat schon mehrere hundert Jahre auf dem Rücken und gilt als das älteste Exemplar ihrer Spezies.

Im Restaurant wird mit Gemüse aus dem eigenen Garten und mit fangfrischem Fisch gekocht. Die Küche mit kreolischem Einschlag ist solide und gut. Der Service ist persönlich, man fühlt sich als Teil der Hotelfamilie. Zimmerschlüssel gibt es nicht, auch auf Fernseher wird verzichtet, das Naturspektakel, die bildschönen Strände und die bunte Unterwasserwelt kompensieren dies allemal. Besucher kommen mit kleinen Propellermaschinen an, die täglich die Insel ansteuern (etwa 30 Min. Flugzeit zwischen Bird Island und Mahé). Im Reservierungsbüro am Inner Island Quay in Victoria (Tel. 4 22 49 25) gibt es die aktuellen Tarife.

INFORMATIONEN

Bird Island Lodge

Bird Island Seychelles | Tel. 4 32 33 22 | www.birdislandseychelles.com | 24 Bungalows | 30 Min. Flug ab Mahé | €€€

Für Seevogelarten wie Rußsee- und Feenseeschwalben, Fregattvögel, Schlankschnabelnoddis und Steinwälzer ist Bird Island (▶ S. 164) Nistplatz und Refugium zugleich.

Ausflugsschiffe bringen Besucher von Praslin nach La Passe auf La Digue.

DIE SEYCHELLEN ERFASSEN

AUF EINEN BLICK

Hier erfahren Sie alles, was Sie über die Seychellen wissen müssen – kompakte Informationen über Land und Leute, von Bevölkerung und Sprache über Geografie und Politik bis Religion und Wirtschaft.

BEVÖLKERUNG

Rund 90 000 Menschen leben auf den Seychellen, allein 72 200 auf der Hauptinsel Mahé, und davon die meisten in und um die Hauptstadt Victoria (24 300 Einwohner). Von den 115 Inseln (die Staatsfläche beträgt 1,3 Mio. qkm, davon 95 % Wasser) haben ansonsten nur Praslin (7100 Einwohner) und La Digue (2100 Einwohner) nennenswerte Bevölkerungszahlen. 90 % der Inseln sind unbewohnt. Die Wachstumsrate der Bevölkerung beträgt durchschnittlich 0,47 %.

LAGE UND GEOGRAFIE

Die 115 Inseln der Seychellen liegen innerhalb eines riesigen zum Staatsterritorium zählenden Meeresgebiet von 445 qkm Größe etwa 1000 km östlich der Küste von Kenia. Neben den aus Granit bestehenden, bergigen Inner Islands rund um die Hauptinsel Mahé zählen noch über 100 Koralleninseln.

POLITIK

Die Seychellen sind eine parlamentarische Demokratie. Das politische Leben wird von vier Parteien bestimmt. Die

◄ Ein Anziehungspunkt für Touristen sind die farbenfrohe Märkte auf den Inseln.

Parti Lepep, die heute über 90 % der Sitze im Parlament hält, hieß früher SPPF (Seychelles Peoples Progressive Front) und regierte seit 1977. Der Präsident ernennt ein nicht gewähltes Ministerkabinett. In der Opposition sitzt derzeit nur eine Partei, die PDM (Popular Democratic Movement). Die Nationalversammlung umfasst insgesamt 34 Mitglieder, davon 25 gewählte. Gesetzesentwürfe werden vom Kabinett vorgeschlagen und von der Nationalversammlung bestätigt.

RELIGION

Die Seychellois sind überwiegend römisch-katholischen Glaubens, daneben gibt es die Anglican Church, Adventisten, Moslems und Hindus. Kirchen und Kapellen befinden sich auf allen bewohnten Inseln.

SPRACHE

Kreolisch (Seselwa), Englisch und Französisch sind die offiziellen Landessprachen auf den Seychellen. Zeitschriften, Fernsehen und Radio bringen Artikel bzw. Sendungen in allen drei Sprachen. Einige Mitarbeiter der Tourismusbranche sprechen Deutsch und Italienisch.

WIRTSCHAFT

Die beiden Säulen der Wirtschaft sind der Tourismus und die Fischerei bzw. die weltweit zweitgrößte Thunfisch-Konservenfabrik. Kleinindustrien wie Bootsbau, Gewürze, Tee, Getränkeproduktion, Kopraherstellung etc. spielen nur eine Nebenrolle. Der Tourismus stellt 60 % der Deviseneinkünfte und 20 % des Bruttoinlandsproduktes. Ca. 200 000 Besucher kommen jährlich auf die Seychellen.

Ende der 1990er-Jahre wurde eine internationale Handelszone (SITZ) geschaffen. Der Staat verfügt über immer größer werdende Haushaltsdefizite infolge von Missmanagement, kostspieligen Großprojekten, wie beispielsweise den Landgewinnungsmaßnahmen bei nachlassender, internationaler finanzieller Unterstützung. Die Inflationsrate liegt bei 9 % (2013).

Die Bevölkerung leidet jedoch nicht unter Armut. Schulbildung und Gesundheitsversorgung sind kostenlos, die Alphabetisierungsrate entspricht mit 97 % der Westeuropas, und die Kindersterblichkeit ist gering.

AMTSSPRACHE: Kreolisch, Englisch und Französisch

BEVÖLKERUNG: 90 % Kreolen, 10 % Bewohner europäischer, indischer oder chinesischer Abstammung

EINWOHNER: 90 000 (über 90 % davon auf Mahé, Praslin und La Digue)

FLÄCHE: 445 qkm verteilt auf 115 Inseln

HAUPTSTADT: Victoria (Mahé)

INTERNET: www.seychelles.travel

RELIGION: römisch-katholisch (86 %), Hindus, Moslems, Anglikaner und Adventisten (14 %)

STAATSFORM: Unabhängiger Staat mit parlamentarischer Demokratie

STAATSOBERHAUPT: Präsident James Alix Michel

VERWALTUNG: 25 Regierungsbezirke (22 auf Mahé, 2 auf Praslin, 1 auf La Digue)

WÄHRUNG: Seychellen-Rupie (SCR)

GESCHICHTE

Wie im Meer verstreute Diamanten muten die Inseln der Seychellen an. Auch die diversen Entdecker und Eroberer wollten von diesem kostbaren Schatz profitieren: Araber und Portugiesen, Franzosen und Briten, aber auch Piraten, Sklaven und Verbannte.

8.–16. Jh. Entdeckungsreisen

Um 800 n. Chr. entdecken arabische Seefahrer die Inseln. Funde eines arabischen Grabes bestätigen 1910 die Anwesenheit arabischer Seeleute. Auch der Name des Aldabra Atolls leitet sich aus dem Arabischen ab. Gut 700 Jahre später (1502/03) erblickt der portugiesische Seefahrer Vasco da Gama auf seiner zweiten Indienreise das Inselreich und trägt es unter dem Namen des Sternbildes der Plejaden »As sete Irmas« (»Die sieben Schwestern«) in die Seekarten ein. Ein weiteres Jahrhundert später, 1609, macht ein Schiff der britischen Ostindienkompanie unter der Leitung von Alexander Sharpeigh auf den Seychellen Halt.

1685–1730 Piraten und Schatzsucher

Die Seychellen dienen Piraten als Unterschlupf zwischen ihren Raubzügen im Indischen Ozean. Der berühmteste Pirat, La Buse, soll verschiedene Schätze auf den Seychellen und auf den Inseln Mauritius und Réunion vergraben haben. Bis heute suchen Schatzjäger nach ihnen. 1923 fand man am Strand von Bel Ombre beispielsweise zwei Truhen mit menschlichen Skeletten, die alle einen goldenen Ohrring trugen sowie einige Goldstücke bei sich hatten. Welche anderen Schätze schon geborgen wurden bzw. noch auf ihre Entdeckung warten, bleibt ein Geheimnis. Auch holländische Schiffe erstatten in

Um 800 n. Chr.

Arabische Seefahrer entdecken die Inseln.

1501/02

Portugiesische Schiffe unter Joao de Nova entdecken die Farquhar-Inseln.

1502/03

Auf seiner zweiten Indienreise entdeckt der portugiesische Seefahrer Vasco da Gama die Inseln und nimmt sie in Seekarten auf.

diesen Jahren auf dem Weg zu den Gewürzinseln (Indonesien) verschiedenen geschützten Buchten der Seychelleninseln Besuche ab, sie ließen sich jedoch nie nieder.

1742–1756 Unter französischer Flagge

Im November 1742 landet der französische Kapitän Lazare Picault in der Baie Lazare auf Mahé und gibt der Insel – zu Ehren des auf Mauritius amtierenden Gouverneurs Mahé de Labourdonnais – ihren Namen. Zwei Jahre später besucht Picault auch die Nachbarinseln Praslin und La Digue.

1756, ebenfalls im November, erreicht eine zweite französische Delegation unter Leitung von Nicolas Morphey von Mauritius aus Mahé und nimmt diese sowie sieben andere Inseln offiziell für Frankreich in Besitz (Errichtung des »Steins der Inbesitznahme«). Benannt werden sie nun nach dem damaligen Finanzminister Lecomte Jean Moreau de Séchelles, dem man nachsagt, dass er die Inselgruppe nie betreten haben soll.

1770 Erste Besiedelung

Um die Seychellen zu besiedeln und den Boden nutzbar zu machen, beschließt das französische Königshaus bzw. die Kolonialregierung Siedler von den Inseln Mauritius und Bourbon (heute La Réunion), die schon Erfahrung mit der Erschließung von Land im Indischen Ozean gesammelt haben, auf die Seychellen umzusiedeln. 1770 kommen erste Siedler auf Ste. Anne an und gründen eine Ortschaft auf der Insel. 1772 entsteht eine weitere Niederlassung auf Mahé (Jardin du Roi), und 1778 siedeln Ankömmlinge an der Stelle des heutigen Victoria. Zur Unterstützung dieser Siedler werden selbstverständlich auch Sklaven mitgebracht, sowie neue Sklaven aus Madagaskar und Afrika auf die Seychellen verschleppt.

Ab 1793 Auswirkungen der Französischen Revolution

König Louis XVI. wird anlässlich der Französischen Revolution entmachtet und im Januar 1793 gemeinsam mit seiner Frau Marie Antoinette in Paris

1685–1730

Die Seychellen dienen Piraten als Unterschlupf zwischen ihren Raubzügen im Indischen Ozean.

1756

1770

1794–1827

Der Franzose Jean-Baptiste Quéau de Quinssy wird im Namen der französischen Krone Verwalter der Seychellen.

Im November nimmt Frankreich Mahé sowie sieben andere Inseln offiziell in Besitz.

Ankunft erster Siedler und Gründung einer Ortschaft auf der Insel Ste. Anne.

durch die Guillotine hingerichtet. Ihr gemeinsamer Sohn Louis wurde nie gefunden und soll mit Hilfe einer Amme überlebt haben und auf die Seychellen geflüchtet sein.

1794 wird der Franzose Jean-Baptiste Quéau de Quinssy im Namen der französischen Krone Verwalter der Seychellen mit Sitz auf Mahé.

1804–1870 Franzosen, Briten und Sklaverei

Um 1804/05 erreicht ein 19-jähriger Jüngling, der sich Pierre-Louis Poiret nennt, auf einem Segelschiff die Seychellen. Er lebt zunächst zurückgezogen, bis er verkündet, ein Mitglied des französischen Königshauses, genau genommen der Thronfolger Ludwigs XVI. zu sein. Angeblich sei er vor der Hinrichtung seiner Eltern in einem Heuwagen aus Paris geschmuggelt worden. Seine Behauptungen können weder bewiesen noch widerlegt werden. Der in der Bevölkerung als leicht verrückt und exzentrisch geltende Mann wird jedoch vom königstreuen Gouverneur de Quinssy protegiert.

Poiret stirbt 1856 kinderlos im Alter von 70 Jahren.

Britische Schiffe greifen die Inseln mehrfach an und nehmen sie 1810 in Besitz. Während der Regierungszeit des beliebten Gouverneurs de Quinssy greifen britische Schiffe mehrfach die Seychellen an und nehmen sie 1810 offiziell für Großbritannien in Besitz. Der raffinierte de Quinssy kapituliert insgesamt siebenmal, hisst aber nach Abreise der Schiffe sofort wieder die französische Flagge, bis die Briten den Verwalter 1814 offiziell zum ersten britischen Gouverneur ernennen. Er bleibt bis 1827 im Amt und anglisiert seinen Namen in de Quincy. 1810 ist auch das Jahr, in dem die Briten die Sklaverei offiziell abschaffen. Jedoch lässt sich dieses Gesetz erst nach und nach durchsetzen, da wohlhabende Siedler sich weigern, ihre Arbeiter in die Freiheit zu entlassen. Nach der Bestätigung der britischen Rechte auf den Seychellen lassen sich ab 1814 vermehrt Siedler auf den Inseln nieder, die ebenfalls Arbeitskräfte benötigen. Im Zuge dessen kommen erste indische und

1810–1835

1903

Die Seychellen werden von Großbritannien offiziell zur Kronkolonie erklärt.

Die Briten schaffen 1810 die Sklaverei offiziell ab.

1948–1971

1972

Erste Wahlen zu einer regionalen Regierung, Bildung von Parteien.

Eröffnung des internationalen Flughafens nahe Victoria auf Mahé.

chinesische Hilfsarbeiter auf die Inseln. Erst 1835 werden die letzten Sklaven befreit. Dafür werden ab 1870 Bürger, die in Großbritannien nicht willkommen sind, immer wieder in die Verbannung auf die Seychellen geschickt.

1901–1948 Kirche, Kronkolonie und Krieg

Die Seychellen werden katholisiert. Hungersnöte und Epidemien machen den Bewohnern zu schaffen und dezimieren die Bevölkerung. 1903 werden die Inseln von Großbritannien offiziell zur Kronkolonie erklärt. Zu Ehren der offiziellen Erklärung der Inseln, eine von Mauritius unabhängige britische Kronkolonie zu sein, wird in Victoria der Clock Tower (Uhrturm) errichtet. Die Inseln haben unter der wirtschaftlichen Krise in Europa und unter der mangelhaften Versorgung während der beiden Weltkriege zu leiden.

1948–1975 Ablösung von Großbritannien

Es gibt erste Wahlen zur Bildung einer regionalen Regierung, auch die ersten Parteien kristallisieren sich heraus: 1964 kommt es zur Gründung der beiden Parteien Seychelles Democratic Party (SDP) und Seychelles' Peoples United Party (SPUP). 1967 fällt die Entscheidung gegen die Unabhängigkeit von Großbritannien, und 1970 geben die Seychellen sich eine erste Verfassung. Zwei Jahre später wird der seit 1971 in Bau befindliche internationale Flughafen eröffnet. In etwa zur gleichen Zeit öffnet eines der ersten Hotels auf den Seychellen, das Reef Hotel an der Ostküste von Mahé, seine Pforten. 1975 erlangt das Inselreich die Autonomie von Großbritannien.

1976–1977 Aufstieg und Sturz

Am 29. Juni 1976 wird die demokratische Republic of Seychelles ausgerufen, die sich eine eigene, neue Staatsverfassung gibt. James Mancham wird Präsident der jungen Republik, France-Albert René ihr Premierminister. Bereits am 5./6. Juni 1977 erfolgt der Sturz der Regierung durch einen Staatsstreich unter Führung von Premierminister René während der Abwesenheit des

29. Juni 1976 Ausrufung der demokratischen Republic of Seychelles, mit eigener Verfassung. James Mancham wird Präsident.

5./6. Juni 1977 Sturz der Regierung durch einen Staatsstreich unter Führung von Premierminister France-Albert René.

1989 Nach dem Zusammenbruch des sozialistischen Ostblocks öffnen sich auch die Seychellen der Demokratiebewegung und lockern nach und nach Restriktionen und Gesetze.

bisherigen Präsidenten Mancham. Im Anschluss ernennt sich René zum Staatsoberhaupt und etabliert ein sozialistisches Einparteienregierungssystem, geführt von seiner Partei, der Seychelles People's Progressive Front (SPPF). Die SPPF regiert bis 1991 unter Präsident René.

1981–1984 Vom Putsch zum Weltnaturerbe

Kreolisch (Seselwa) wird zur offiziellen Landessprache, neben Englisch und Französisch. Sie wird fortan verschriftlicht und gefördert. Im November misslingen Putschversuche von Opposition und Militär, die Regierung zu stürzen. 1982 erklärt die UNESCO das Aldabra Atoll zum Weltnaturerbe, ein Jahr später folgt die Vallée de Mai auf Praslin. 1983 wird der National Youth Service Pflicht: Jugendliche im Alter zwischen 16 und 17 Jahren werden für zwei Jahre in ein Erziehungscamp auf die Insel Ste. Anne geschickt und müssen dort Dienst leisten, später wird die Dauer auf ein Jahr reduziert (1990 wird der National Youth Service, der Gene-

rationen von jungen Seychellois geprägt hat, ganz abgeschafft).

1984–1995 Die Neuzeit bringt Fernsehen

Die Seychelles Broadcasting Corporation beginnt mit der Produktion von Fernsehprogrammen, damit hält das Fernsehen Einzug auf den Seychellen. Bis 1985 kann jedoch nur ein Programm empfangen werden (erst 1995 erhalten die Seychellen Satellitenfernsehen und können seither erstmals mehrere Sender empfangen).

Im Dezember 1991 wird das Mehrparteiensystem eingeführt. Daraufhin erfolgt die Rückkehr einiger Politiker aus dem Exil, unter ihnen ist auch der ehemalige Präsident Mancham. 1993 bekennt sich die Regierung zur Demokratie und erlässt eine neue Verfassung. Bei Wahlen im Juli wird René als Staatspräsident bestätigt (er wird 1998 und 2001 wiedergewählt).

2002–2014 Das 21. Jahrhundert

Im September 2002 fegt ein Zyklon über die Inseln, der auf Praslin und im

1992

1993 Die Regierung bekennt sich zur Demokratie. Wahlen im Juli bestätigen René als Staatspräsidenten.

1998 und 2004 Präsident René wird wiedergewählt und bleibt Staatspräsident.

Rückkehr vieler Exilpolitiker aus dem Ausland, darunter der gestürzte Ex-Präsident James Mancham.

Osten Mahés größeren Sachschaden anrichtet. Im April 2004 legt Präsident René sein Amt nieder, sein Vize James Alix Michel übernimmt die Amtsgeschäfte. Er treibt die Privatisierung voran, fördert Investitionen und wird 2006 wiedergewählt. Mitte September 2009 wird die Seychellen-Rupie zur frei konvertierbaren Währung erklärt und überall als Zahlungsmittel anerkannt. Im Jahr darauf lässt ein arabischer Prinz aus Abu Dhabi in den Höhen von Mahé, am Standort einer ehemaligen amerikanischen Satellitenstation, einen Palast erbauen, der schon von weitem sichtbar ist. Kurz darauf macht es ihm sein Bruder nach und lässt auf der gegenüberliegenden Inselseite ebenfalls einen Palast errichten – beide Bauvorhaben stoßen bei Einheimischen und Touristen auf Kopfschütteln und Kritik. Von der Regierung, die auch Probebohrungen nach Öl auf seychellischem Staatsgebiet zulässt, werden sie jedoch genehmigt. Eine neue Gefahr zieht herauf, als 2010 Piraten aus Somalia innerhalb des Hoheitsgebietes der Seychellen Schiffe kapern. Die zu Hilfe gerufene NATO und Russland wählen daraufhin Mahé als Hauptsitz zur Bekämpfung von Piraterie.

2011 wird Präsident Michel zum dritten Mal wiedergewählt. Diesmal sitzt nur eine Partei, die PDM (Popular Democratic Movement), in der Opposition und ist im Parlament mit nur einem Sitz vertreten. Air Seychelles, die 2012 in finanzielle Schwierigkeiten gerät, wird zu 40 % von Etihad Airways, der Fluggesellschaft des Emirats Abu Dhabi, aufgekauft. Direktflüge nach Europa übernimmt damit Etihad.

Ende April 2014 findet zum dritten Mal in Folge der neu belebte Carnaval International de Victoria statt, bei dem Botschafter und Konsule aus allen auf den Seychellen vertretenen Ländern sowie Gruppen und Delegierte aus 26 Ländern anreisen: ein Event, das immer mehr zum festlichen Höhepunkt des Jahres avanciert und Menschen aus aller Welt anzieht. Übrigens: Eine Gruppe aus Düsseldorf, in Tracht und mit Blasmusik, ist sowohl bei der Eröffnungszeremonie als auch beim Umzug ebenfalls mit von der Partie.

2004
Nach dem Rücktritt von France-Albert René übernimmt James Alix Michel das Amt des Präsidenten.

2010
Piraten aus Somalia kapern innerhalb des Hoheitsgebiets der Seychellen Schiffe.

2006
Bei Wahlen wird Präsident Michel mit 53,5 % der Stimmen im Amt bestätigt.

2014
Ende April findet zum dritten Mal der Carnaval International de Victoria statt.

KULINARISCHES LEXIKON

A

alcoholic beverages – alkoholische Getränke

B

bacon – Speck
beans – Bohnen
beef – Rindfleisch
beignet – im Teigmantel Frittiertes
boiled potatoes – Salzkartoffeln
bonito – Tiefseefisch
bread fruit – Brotfrucht

C

catch of the day – fangfrischer Fisch
cereal – Getreideflocken, Müsli
chicken – Huhn
chips – Pommes frites
chutney – kaltes eingelegtes Gemüse in süßsaurer Sauce
cinnamon – Zimt
citronelle – Zitronengras(-Tee)
clove – Gewürznelke
coconut milk – Kokosnussmilch
coconut crumble – Streuselkuchen mit Kokosraspeln
crab – Taschenkrebs
cucumber – Gurke
curcuma – Gelbwurz (Safranersatz)
curry – scharfe Sauce auf Tomatenbasis

D

daube – in Kokosmilch gekochtes Gericht, süß oder pikant
decaffeinated – koffeinfreier Kaffee (decaf)
dish of the day – Tagesgericht
duck – Ente

E

egg – Ei
– sunny side up – Spiegelei
eggplant – Aubergine
entrée – Vorspeise

F

figs – Feigen
fork – Gabel
fried – in der Pfanne gebraten
– eggs – Spiegeleier
– potatoes – Bratkartoffeln
– sausage – Bratwurst
fritters – Frittiertes
fruit bat – Fledermaus
fruit juice – Fruchtsaft
fruit salad – Obstsalat

G

garlic – Knoblauch
ginger – Ingwer
golden apple – Granatapfel
grape juice – Traubensaft

H

ham – Schinken
hard boiled egg – hart gekochtes Ei
herbal tea – Kräutertee
honey – Honig
house wine – Hauswein

I

ice-cube – Eiswürfel
iced tea – Eistee

J

jam – Marmelade
jelly – Gelee
juice – Saft

K

kat kat – grüne Bohnen in süßer
  Kokosmilch

L

lamb chop – Lammkotelett
leek – Lauch, Porree
lentils – Linsen
lettuce – Kopfsalat
liver – Leber
lobster – Hummer

M

manioc – Maniokwurzel
marmalade – Orangenmarmelade
mashed potatoes – Kartoffelbrei
meat – Fleisch
meat balls – Fleischklößchen
medium rare – halb durchgebraten
mineral water – Mineralwasser
moulouk – frittierte Mehlplätzchen
mushrooms – Pilze
mustard – Senf

N

noodles – Nudeln
nutmeg – Muskatnuss
nuts – Nüsse

O

octopus – Tintenfisch
onion – Zwiebel
oyster – Auster

P

palmheart salad – Palmenherzensalat
pancake – Pfannkuchen
passionfruit – Passionsfrucht, Mara-
  cuja
pastry – Gebäck, Kuchen
peanuts – Erdnüsse
pie – Pastete, Torte
pineapple – Ananas

pork – Schweinefleisch
potatoes – Kartoffeln
prawns – Steingarnelen
pumpkin – Kürbis

R

rabbit – Kaninchen
ray – Rochen
red snapper – ein der Rotbarbe
  ähnelnder Riff-Fisch
rice – Reis
roast – Braten

S

salad – Salat
salmon – Lachs
samoussa – dreieckige, herzhaft
  gefüllte Teigtasche
sausage – Wurst
scrambled eggs – Rührei
sea food – Meeresfrüchte
shark – Haifisch
shellfish – Schalentiere
snail – Schnecke
snapper – Tiefseefisch
soda – sprudelndes Mineralwasser
soft boiled egg – weich gekochtes Ei
squid – Tintenfisch
sweet potato – Süßkartoffel
swordfish – Schwertfisch

T

tenderloin – Filetstück
tuna fish – Thunfisch

V

veal – Kalb
vegetables – Gemüse
vinegar – Essig

W

walnut – Walnuss
whipped cream – Schlagsahne

SERVICE

Anreise

MIT DEM AUTO

Fast alle Besucher erreichen die Seychellen mit dem Flugzeug. Verschiedene Gesellschaften fliegen die Seychellen an, darunter Condor, Air Seychelles, Etihad, Emirates und Kenyan Airways. Die Flugzeit beträgt zwischen 9 (direkt) und 12 Std. (mit Stopp). Der internationale Flughafen liegt auf Mahé, 10 km südlich der Hauptstadt Victoria. Inlandsflüge auf andere Inseln starten vom Domestic Terminal direkt neben der Abfertigungshalle. Alle internationalen Rück- oder Weiterflüge müssen mindestens 72 Std. vor der Abreise bestätigt werden (Tel. 4 38 44 00).

Auf www.atmosfair.de und www.my climate.org kann jeder Reisende durch eine Spende für Klimaschutzprojekte für die CO_2-Emission seines Fluges aufkommen.

Auskunft

IM URLAUBSLAND:

Seychelles Tourism Board (STB)

P.O. Box 1262, Victoria, Mahé, Seychelles | Tel. 4 67 13 00 | www.seychelles.travel

Seychelles Tourist Office (STB), Independence House

Independence Ave., Victoria | Tel. 4 61 08 00

IN DEUTSCHLAND, ÖSTERREICH UND DER SCHWEIZ:

Seychelles Tourist Office Germany

Hochstr. 17, 60313 Frankfurt/M. | Tel. 0 69/29 72 07 89 | www.seychelles.travel

Buchtipps

Isabel Beto: Korallenfeuer (rororo, 2014) Spannend geschriebener, historischer Liebesroman, der auf den von den Franzosen beherrschten Seychellen des späten 18. und frühen 19. Jh. spielt, zu Zeiten, in denen Sklaverei und Hexenglaube vorherrschten und Piraten ihr Unwesen trieben.

Helmut Debelius: Riff-Führer Indischer Ozean (Kosmos, 2007) Dieses Buch wird Taucher und Schnorchler restlos begeistern. Der Autor zeigt in herrlichen Fotos die Faszination der Unterwasserwelt und ihrer Meeresbewohner (nicht nur Fische, sondern auch wirbellose Tiere wie Krebse, Korallen oder Schnecken).

Thomas Haltner: Reise durch die Seychellen (Stürtz 2010) Aktueller Bildband mit über 200 schönen Bildern und informativen Texten zur Geschichte, Flora, aber auch zu vor Ort ansässigen Künstlern, einsamen Luxusinseln und Inselhüpfen.

Heike Mallad: Seychellen – Eine Anleitung zum Inselglück (FAW-Verlag 2006) In vielen Geschichten und Episoden erzählt die Autorin vom Leben auf den Seychellen und der Kultur der Einwohner. Auch wenn manchmal der kritische Blick fehlt, ist das Buch dennoch eine Liebeserklärung an die wunderschöne Inselnation.

Alfons Schmitt: Desirée – Zauber der Seychellen (Books on Demand, 2013) Roman über die Silberhochzeitsreise eines deutschen Ehepaars auf die Seychellen und den Gegenbesuch ihrer Reiseleiterin in Deutschland. Die stimmungsvollen Beschreibungen bringen viele Erinnerungen an eigene Erlebnisse zurück und regen überdies zum Nachdenken an.

Diplomatische Vertretungen

Deutsches Konsulat

The Centre for Environment and Education, Nature Seychelles, Roche Caiman, Mahé | Tel. 2 60 11 00

Österreichische Botschaft

2nd floor, City House, Corner Wabera St./ Standard St., Nairobi (Postanschrift: P.O.B. 30560, 00100 Nairobi) | Tel. 02 54/20/ 4 06 00 22 | www.aussenministerium.at/ nairobi

Konsulat der Schweiz

MG Building, P.O. Box 935, Providence Industrial Estate, Victoria, Mahé | Tel. 4 37 42 78

Feiertage

1. und 2. Januar Neujahrsfest
März/April Karfreitag und Ostersonntag
1. Mai Tag der Arbeit (Labour Day)
15. Mai Fronleichnam (Corpus Christi)
5. Juni Jahrestag der Machtergreifung 1977 (Liberation Day)
18. Juni Nationalfeiertag (National Day)
29. Juni Unabhängigkeitstag (Independence Day)
15. August Mariä Himmelfahrt (Assumption Day)
1. November Allerheiligen (All Saints Day)
8. Dezember Unbefleckte Empfängnis bzw. Mariä Empfängnis (Immaculate Conception)
25. Dezember Weihnachten (Christmas Day)

Geld

1 SCR	0,06 /0,07 SFr
1 €	16,77 SCR
1 SFr	13,79 SCR

Auf den Seychellen wird in der Landeswährung bezahlt, es ist sinnvoll, einen ausreichenden Betrag vor Ort einzutauschen und für Busse, Taxis etc. Kleingeld mitzuführen. Hotel- und Restaurantrechnungen können meistens mit den gängigen Kreditkarten (Master und Visa, seltener American Express) beglichen werden (Informationen über die Akzeptanz der Karten sollten Sie vor der Bestellung mit dem Personal abklären).

Banken befinden sich am Flughafen, in Victoria und Anse Royale auf Mahé sowie in Grand' Anse und Baie Ste. Anne auf Praslin sowie auf La Digue. Sie sind von Mo–Fr von 8.30–14 und Sa von 9–11 Uhr geöffnet, am Flughafen zusätzlich bei Ankunft und Abflug der internationalen Maschinen. Geldautomaten stehen am Flughafen und bei den meisten Geschäftsstellen zur Verfügung. Zum Rücktausch muss man die offiziellen Belege vorlegen und kann nur eine Summe von maximal 800 € zurücktauschen!

Links

www.seychelles.travel
Mehrsprachige, offizielle Internetseite des Fremdenverkehrsamtes mit einer Vielzahl praktischer Informationen und Übersicht über vorhandene Unterkunftsvarianten.

www.mfa.gov.sc, www.virtualseychelles.sc
Offizielle Seite der Regierung der Seychellen mit Informationen über Einreisebestimmungen, diplomatische Vertretungen und aktuelle politische Ereignisse.

http://islandbiodiversity.com
Offizielle Seite einer Umweltschutzorganisation mit interessanten Beiträgen zu Flora und Fauna.

www.seychelles-resa.com
Französischsprachige Seite mit Möglichkeit zur direkten Onlinereservierung auch kleiner Gästehäuser und günstiger Pensionen.

Medizinische Versorgung

Die medizinische Versorgung ist auf den Seychellen begrenzt. Ein gut ausgestattetes Krankenhaus, Arzt- und Zahnarztpraxen befinden sich auf Mahé, kleinere Kliniken gibt es auch auf den anderen bewohnten Inseln. Arzneimittel für chronische Erkrankungen, gegen Allergien sowie eine Reiseapotheke mit den üblichen Mitteln gegen Mückenstiche, Magenverstimmung, Durchfall und Reisekrankheit sind empfehlenswert, ebenso eine Auffrischung der Polio-, Diphterie- und Tetanusimpfung.
Es gibt auf den Seychellen keine gefährlichen Tiere; alles, was hier kreucht und fleucht, ist harmlos. Tropische Krankheiten (Malaria, Gelbfieber, Cholera, Typhus etc.) kommen nicht vor, vor Aids sollte man sich jedoch auch hier schützen. Spezielle Impfungen sind nicht nötig. Bei der Einreise nach Aufenthalt in Gelbfieberinfektionsgebieten (Afrika, außer Südafrika sowie Südamerika) muss allerdings eine Impfbescheinigung am Zoll vorgelegt werden.

KRANKENVERSICHERUNG

Es empfiehlt sich, eine Auslandskrankenversicherung mit Rücktransport im Krankheitsfall vor der Abreise abzuschließen. Behandlungen beim Arzt müssen bar bezahlt werden, Quittungen sollten Sie für die Rückerstattung aufbewahren.

KRANKENHAUS

Victoria Hospital
Mont Fleuri Rd., Victoria | Tel. 4 38 80 00 | www.moh.gov.sc

APOTHEKEN

Apotheken (nur in Victoria auf Mahé) sind in der Regel von Mo–Fr von 8–18 und Sa von 8–12 Uhr geöffnet.

Nebenkosten

1 Tasse Kaffee	25–85 SCR
1 Flasche Bier	50–115 SCR (im Hotel 3–7 €)
1 Cola/Limo im Café	25–45 SCR (im Hotel bis zu 4 €)
1 l abgefülltes Trinkwasser	im Shop 15 SCR
	im Hotel 2–7 €
1 Brot vom Bäcker	15 SCR
10 Stck. Zigaretten	50 SCR
1 Einzelfahrt im Bus	5 SCR (10 SCR im klimatisierten Bus)
Mietwagen/Tag	35–90 €

Notruf

999 (Polizei, Feuer, Notarzt)

Post

Das Hauptpostamt in der Independence Street in Victoria ist von Mo–Fr 8–16 und Sa von 8–12 Uhr geöffnet. Weitere Postämter befinden sich auf Praslin (Baie Ste. Anne und Grand' Anse) und La Digue (gegenüber der Jetty in La Passe), sie sind von Mo–Fr von 8–12 und 13–16, Sa von 8–12 Uhr geöffnet. Die meisten Souvenirläden und Hotelboutiquen verkaufen ebenfalls Briefmarken für Luftpostkarten (3,50 SCR) und -briefe (4 SCR pro 20 g). Ein Brief bzw. eine Postkarte benötigt nach Europa ca. fünf Tage. Die Briefkästen sind rot.

Reisedokumente

Touristen aller Nationen benötigen zur Einreise einen bis zum Abflugtermin gültigen Reisepass und ein Rückflugticket. In das meist schon im Flugzeug verteilte Einreiseformular muss der Name der Unterkunft eingetragen werden. Seltener sind eine Buchungsbestätigung (für mindestens drei Nächte), die beim Zoll vorgelegt wird, sowie der Nachweis erforderlich, dass finanzielle Mittel in ausreichender Höhe zur Verfügung stehen.

Für Kinder unter 16 Jahren genügt der Kinderausweis mit Foto oder ein Eintrag im Pass des begleitenden Elternteils. Eine für 30 Tage gültige Aufenthaltserlaubnis wird in den Pass gestempelt, begleitet von einer kleinen Immigration Card. Diese Karte muss bei der Ausreise wieder vorgelegt und die darauf vermerkte Immigration Number bei der Ankunft in jeder Unterkunft angegeben werden. Visumsverlängerungen bis zu drei Monaten können direkt in der Immigration Division (im Independence House, Victoria, Mahé, Tel. 4 61 11 10) beantragt werden.

Reisekleidung

Leichte, atmungsaktive Baumwollkleidung ist für das tropische Klima ideal. Packen Sie bei der Anreise in den Wintermonaten möglichst schon Shorts und ein T-Shirt zum Wechseln ins Handgepäck. Zum Casinobesuch und für das Abendessen im Restaurant sollten Herren eine lange Hose sowie ein Hemd und Sandalen mitbringen, auch von Damen wird angemessene Kleidung erwartet. Krawatte und Jackett sind selbst für den Kirchenbesuch nicht nötig.

Badesachen, Sonnenbrille, Kopfbedeckung und Sonnencreme mit hohem Lichtschutzfaktor gehören selbstverständlich ins Gepäck, wobei Hotels Strandtücher und oft auch Schnorchelausrüstungen zur Verfügung stellen. Sehr nützlich sind feste, bequeme Sportschuhe für Wanderungen (z. B. in der Vallée de Mai auf Praslin) sowie Fernglas und Regenjacke. Vor allem für La Digue empfiehlt sich eine Taschenlampe, da es hier keine Straßenbeleuchtung gibt.

Die meisten Hotels haben einen Wäscheservice. Eine chemische Reinigung gibt es auf den Seychellen bisher noch nicht.

Reiseknigge

FKK wird auf den Seychellen nirgendwo offiziell praktiziert, selbst »oben ohne« ist nicht üblich.

Reisewetter

Das Klima auf den Seychellen ist ganzjährig tropisch mit Temperaturen zwischen 24 und 33 °C, Zyklone und andere tropische Stürme kommen meistens nicht vor, jedoch prägen Hitzeperioden, starke Regengüsse und Stürme in den letzten Jahren das Bild.

Die Wassertemperatur beträgt ganzjährig 26–30 °C, die Sonne scheint im Durchschnitt 7–12 Std. täglich. Die Jahreszeiten werden von zwei Winden bestimmt: Von Oktober bis März weht der etwas gemäßigte Nordwestwind, der vor allem im Januar einige Regenwolken mit sich bringt. Das Meer ist im Allgemeinen ruhig, die Luft tropisch schwül.

Zwischen Mai und September herrscht der Südostmonsun vor, der trockeneres, windiges und kühleres Wetter mit sich bringt und die See (vor allem an den südöstlichen Küstenabschnitten) aufwühlt. In dieser Zeit muss man an der Südwestküste Praslins damit rechnen, dass verstärkt Seegras am Ufer angespült wird. Zwischen den Jahreszeiten ist es meist windstill und klar;

kurze und heftige Regenfälle können jedoch zu jeder Jahreszeit auftreten. Wetterinformationen erhält man beim Seychelles Meterological Office, Tel. 4 38 40 70 oder 4 38 40 66.

Sicherheit

Es gibt wenig Kriminalität auf den Seychellen, aber in den letzten Jahren kam es gelegentlich zu Diebstählen bzw. Überfällen auf Touristen an abgelegenen Stränden oder auf Wanderungen. Seien Sie daher bei solchen Unternehmungen vorsichtig! Nehmen Sie auf Wanderungen nur kleine Mengen Bargeld mit. Deponieren Sie alle Wertgegenstände und Reisedokumente im Safe Ihres Zimmers oder an der Rezeption. Nehmen Sie keine Wertsachen mit an den Strand bzw. beaufsichtigen Sie diese während des Badens. Bleiben Sie am besten in Gegenden oder an Strandabschnitten, an denen Sie nicht allein sind, und lassen Sie nichts im Auto liegen.

Auf entfernteren bzw. weniger bevölkerten Inseln ist die Sicherheitslage weiterhin völlig unbedenklich.

Klima (Mittelwerte)

	Januar	Februar	März	April	Mai	Juni	Juli	August	September	Oktober	November	Dezember
Tagestemperatur	30	30	31	31	30	28	27	28	29	29	30	30
Nachttemperatur	25	25	25	25	26	25	23	24	24	24	25	25
Sonnenstunden	7	7	6	7	7	6	6	6	7	8	8	8
Regentage pro Monat	7	6	5	4	1	1	2	2	3	5	5	6
Wassertemperatur	29	29	29	29	27	26	25	24	25	25	26	27

Strom

Die Stromspannung beträgt 240 Volt (50 Hertz). Die meisten Hotels bieten Steckdosen für elektrische Rasierer sowie Adapter für europäische Stromstecker an.

Telefon

Das Kommunikationssystem der Republik ist gut ausgebaut, öffentliche Telefonsprecher (Münzen und Karten) befinden sich in allen Ortschaften. Handys der Netzanbieter D1 und D2 funktionieren vor Ort, Tarife sollten Sie vor der Abreise beim jeweiligen Netzbetreiber erfragen. 2011 wurden alle Telefonnummern um eine Ziffer erweitert und sind seither siebenstellig.

VORWAHLEN

D, A, CH ▶ Seychellen 0 02 48
Seychellen ▶ D 00 49
Seychellen ▶ A 00 43
Seychellen ▶ CH 00 41

Trinkgeld

Das Trinkgeldverhalten entspricht europäischen Standards. Auch wenn der Service in der Rechnung enthalten ist, freuen sich die freundlichen Mitarbeiter (Gepäckträger, Zimmermädchen, Kellner) über ein kleines Extra.

Verkehr

BUSSE

Öffentliche Busse verkehren von 5.30 bis 19 Uhr auf Mahé und Praslin und verbinden alle Orte miteinander, wobei die Häufigkeit der Verbindungen unterschiedlich sein kann. Jede Busstrecke, unabhängig von Entfernung und Fahrtdauer, kostet 5 SCR (Ausnahme: klimatisierte Busse sind etwas teurer), vorsichtshalber sollte man sich jedoch nach den Abfahrtszeiten erkundigen und diese nur als Anhaltspunkte nehmen, um lange Wartezeiten zu vermeiden. Die Busse sind in unterschiedlichem Zustand, und der Fahrstil hängt vom Fahrer ab, wobei Unfälle eher selten sind. Zu den Stoßzeiten und auf seltener befahrenen Strecken kann es durchaus sehr voll werden.

FAHRRÄDER

Vor allem ruhige, nicht zu bergige Strecken eignen sich für Fahrradtouren. Auf Mahé ist es meistens zu bergig, aber auf Praslin und vor allem La Digue kann man an vielen Stellen Räder ausleihen. Die Bremsen sollten Sie vor Abfahrt unbedingt testen, insgesamt sind die Räder in unterschiedlichem Zustand. Die Miete für einen Tag beträgt ca. 100 SCR (6 €).

FÄHREN/BOOTE

Zwischen Mahé, Praslin und La Digue verkehren Schnellboote und traditionelle Schoner. Alle anderen Inseln werden nur von Hotel- oder Versorgungsbooten angefahren. Ausflugsboote bieten Touren zu kleineren vorgelagerten Inseln mit sehenswerten Orten (z. B. Curieuse, St. Pierre, Cousin, Aride oder Grande Sœur) an.

INLANDSFLÜGE

Air Seychelles führt Inlandsflüge auf die Inseln Praslin, Bird, Denis und Frégate durch. Auf die Inseln Alphonse und Desroches fliegen Maschinen der Islands Development Corporation (IDC, Tel. 22 46 40/41), die auch für Rundflüge oder Flüge auf andere Inseln gechartert werden können. Touristen zahlen dabei mehr als Einheimische, die Tarife stehen jedoch fest. Reservierungen können direkt bei der Fluggesellschaft oder bei den örtlichen Reiseveranstaltern (z. B. Mason's oder CTS) vorgenommen werden, eine Rückbestätigung des Inlandsrückfluges ist nicht notwendig. Zilair (Air Dezil) bietet Rundflüge und Transfers mit dem Hubschrauber oder mit kleinen Charterflugzeugen an (Tel. 4 37 51 00, www.zilair.com).

MIETWAGEN

Auf Mahé und Praslin kann man mit dem Mietwagen die Insel erkunden. Es ist jedoch Vorsicht geboten: Viele Straßen sind eng, kurvig, und es wird links gefahren. Das Straßennetz ist überschaubar, Orte und Entfernungen sind gut ausgeschildert. Die Geschwindigkeitsbegrenzung beträgt 40 km/h innerhalb und 70 bzw. 80 km/h (nur auf Schnellstraßen) außerhalb von Ortschaften.

Jeeps, Kleinwagen mit oder ohne Klimaanlage können über die Hotelrezeption sowie bei Verleihagenturen angemietet werden. Es empfiehlt sich, dies einige Tage im Voraus zu organisieren, da die Zahl der Wagen begrenzt ist. Die Preise liegen pro Tag bei 40 bis 90 € für einen Wagen mit unbegrenzter Kilometerzahl und Personenversicherung, dazu kommt gelegentlich ein kleiner Betrag für eine erhöhte Schadensversicherung.

Taxis

Taxis bieten einen 24-Std.-Service und sind sowohl am Flughafen als auch über die Hotelrezeption jederzeit zu erreichen. Der Fahrpreis sollte vor der Abfahrt ausgehandelt werden, da die Fahrer sich meist weigern, das Taxameter einzustellen. Nachts bzw. bei Wartezeiten werden höhere Tarife verlangt. Zur Information über die Höhe der Fahrpreise sollte man sich vorher an der Rezeption erkundigen.

Zeitungen und Zeitschriften

Es gibt mehrere Tages- und Wochenzeitungen, von denen die am meisten verbreiteten »Seychelles Today« und »The Nation« mit Artikeln in englischer, französischer und kreolischer Sprache aufwarten. Eine Wetterkarte, Infos über Flüge, Schiffe und internationale Nachrichten werden darin täglich außer sonntags veröffentlicht. Internationale Zeitungen und Zeitschriften kann man in Hotelboutiquen und an Kiosken mit mehrtägiger Verspätung gelegentlich kaufen.

Zeitverschiebung

Auf den Seychellen gilt die Seychelles Time (MEZ + 2 Std. im Sommer, MEZ + 3 Std. im Winter).

Zoll

Reisende aus Deutschland und Österreich dürfen Waren im Wert von 300 €, bei Flug- bzw. Seereisen von 430 € (Jugendliche: 175 €) abgabenfrei mit nach Hause nehmen, Reisende aus der Schweiz im Wert von 300 SFr. Die Waren müssen für den privaten Gebrauch vorgesehen sein. Tabakwaren und Alkohol fallen nicht unter diese Wertgrenze und bleiben in bestimmten Mengen abgabenfrei (z. B. 200 Zigaretten, 4 l Wein). Weitere Auskünfte unter www.zoll.de, www.bmf.gv.at/zoll und www.ezv.admin.ch.

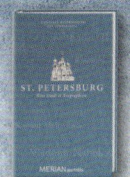

Erlesene Ziele

Auf den Spuren berühmter
Persönlichkeiten

MERIAN
Die Lust am Reisen

ORTS- UND SACHREGISTER

Wird ein Begriff mehrfach aufgeführt,
verweist die **fett** gedruckte Zahl auf die Hauptnennung.
Abkürzungen: Hotel [H] · Restaurant [R]

Liebe Leserinnen und Leser,

vielen Dank, dass Sie sich für einen Titel aus unserer Reihe MERIAN *momente* entschieden haben. Wir wünschen Ihnen eine gute Reise. Wenn Sie uns nun von Ihren Lieblingstipps, besonderen Momenten und Entdeckungen berichten möchten, freuen wir uns. Oder haben Sie Wünsche, Anregungen und Korrekturen? Zögern Sie nicht, uns zu schreiben!

Alle Angaben in diesem Reiseführer sind gewissenhaft geprüft. Preise, Öffnungszeiten usw. können sich aber schnell ändern. Für eventuelle Fehler übernimmt der Verlag keine Haftung.

© 2015 TRAVEL HOUSE MEDIA GmbH, München
MERIAN ist eine eingetragene Marke der GANSKE VERLAGSGRUPPE.

TRAVEL HOUSE MEDIA
Postfach 86 03 66
81630 München
merian-momente@travel-house-media.de
www.merian.de

BEI INTERESSE AN MASSGESCHNEIDERTEN MERIAN-PRODUKTEN:
Tel. 0 89/4 50 00 99 12
veronica.reisenegger@travel-house-media.de

BEI INTERESSE AN ANZEIGEN:
KV Kommunalverlag GmbH & Co KG
Tel. 0 89/9 28 09 60
info@kommunal-verlag.de

1. Auflage

VERLAGSLEITUNG
Dr. Malva Kemnitz
REDAKTION
Juliane Helf
LEKTORAT
Rosemarie Elsner
BILDREDAKTION
Ulrich Reisser
SCHLUSSREDAKTION
Heidemarie Herzog
HERSTELLUNG
Bettina Häfele, Katrin Uplegger
SATZ/TECHNISCHE PRODUKTION
h3a GmbH, München
REIHENGESTALTUNG
Independent Medien Design, Horst Moser, München (Innenteil), La Voilà, Marion Blomeyer & Alexandra Rusitschka, München und Leipzig (Coverkonzept)
KARTEN
Gecko-Publishing GmbH für MERIAN-Kartographie
DRUCK UND BINDUNG
Firmengruppe APPL, aprinta Druck, Wemding

Ein Unternehmen der
GANSKE VERLAGSGRUPPE

PEFC/04-32-0928

BILDNACHWEIS
Titelbild (Granitfelsen am Carana Beach in der Carana Bay, Nordspitze der Insel Mahé): Huber Images: R. Schmid | Alamy: Arco Images GmbH 57, D. Delimont 101, M. Harvey 150, Juniors Bildarchiv GmbH 45, WaterFrame 144 | Constance Hotels & Resorts 59, 113 | Corbis 174, M. Runkel/R. Harding World Imagery 52 | Four Seasons Hotels: K. Seet 22 | gemeinfrei 170 l., 172 l. | glowimages 34, 38, 58, 64/65, 133, 153, P. Fischer 69 | A. Grieger 16 | Hansueli Krapf CC BY-SA 3.0 172 r. | Hilton Seychelles Northholme Resort & Spa 13 r., 81 | Huber Images: M. Carassale 6, Kaos03 104, R. Schmid 17, 41, 42, 47, 55, 74, 77, 79, 87, 88, 91, 98, 126, 128 | imago: ZUMA/Keystone 173 | Interfoto: M. Evans 192 o. | Kempinski Seychelles Resort 93 | laif: J. Degas/hemis.fr 1, 97, 124, 154/155, 159, 120, Fautre/Le Figaro Magazine 25, 66, F. Heuer 4/5, Hoa-Qui+Top 56, 122, 165, G. Huber 147, T. Linkel 157, L. Montico/hemis.fr 2, 139, J. Raga/EXPLORER 15 | Le Chateau de Feuilles de Praslin 110 | Le Domaine de L'Orangeraie 134 | Le Duc de Praslin Cafe des Arts 116 | L. Levy 60 | LOOK-foto 12, 26, 166/167, age fotostock 141, 168, H. Dressler 142, The Travel Library 161 | mauritius images: Alamy 19, 20/21, 33, 48, 109, 163, M. Moxter/imageBROKER 73 | New Emerald Cove 115 | Prisma Bildagentur AG: Alamy 149 | shutterstock: bioraven 171, Boris15 170 r., foto76 30, Lorelinka 14, Mukesh Kumar 82, PHB.cz (Richard Semik) 119, T. Popova 137, C. Salerno 175, I. Tischenko 50 | Valmer Resort/digifot.net: L. Levy 94 | vario images 192 u.

VICTORIA GESTERN & HEUTE

Beim Anblick des zu Ehren von Queen Victoria im April 1903 errichteten **Clock Tower** (▶ S. 71) in Mahés Hauptstadt Victoria wähnt man sich beinahe im guten alten London. Dabei hatte der Initiator des Memorials, der britische Gouverneur Sir Ernest Sweet-Escott, als Vorbild keineswegs den berühmten Big Ben im Sinn, sondern eine Statue am Eingang der Victoria Station an der Vauxhall Bridge Road. Noch heute ist der hübsche Uhrturm eine Reminiszenz an die viktorianische Ära.